考古学初阶

严文明　著

文物出版社

图书在版编目（CIP）数据

考古学初阶／严文明著．—北京：文物出版社，
2018.12（2021.1 重印）

ISBN 978 - 7 - 5010 - 5859 - 4

Ⅰ.①考… Ⅱ.①严… Ⅲ.①考古学 - 文集 Ⅳ.
①K85 - 53

中国版本图书馆 CIP 数据核字（2018）第 280627 号

考古学初阶

著　　者：严文明

责任编辑：杨新改
责任印制：苏　林
封面设计：李　红

出版发行：文物出版社
社　　址：北京市东直门内北小街 2 号楼
邮　　编：100007
网　　址：http://www.wenwu.com
邮　　箱：web@wenwu.com
经　　销：新华书店
印　　刷：北京京都六环印刷厂
开　　本：710mm×1000mm　1/16
印　　张：15
版　　次：2018 年 12 月第 1 版
印　　次：2021 年 1 月第 3 次印刷
书　　号：ISBN 978 - 7 - 5010 - 5859 - 4
定　　价：80.00 元

1998 年 6 月于日本京都

考察大汶口遗址早期的房址

考察山东桓台史家龙山文化的人头骨

解说仰韶彩陶盆

良渚陶豆好大，刻划花纹好细

目　录

前　言

我的一本讲述考古学理论与方法的文集《走向 21 世纪的考古学》出版于 1997 年，至今整整 20 年了。这期间考古学又有了一些新的发展，我又写了一些相关的文章。现在收集起来，原来的书名已经不合适了。我曾经讲授"考古学理论与方法"的课程，如果用这个作为书名虽无不可，总觉得不太够，心里不很踏实。考虑再三，觉得用《考古学初阶》为好。这与我先后为考古专业本科生开设"田野考古学"和"考古学导论"课程的初衷是相合的。

本书虽说是考古学初步或入门的性质，同时也体现了我对考古学的若干深层思考，并提出过一些重要的见解。比如遗址的发掘，要选重点遗址中最能反映该遗址性质的关键部位动手。在地层学研究中不同的地层单位要分级。类型学研究中不同的器物要分类等。考古学文化研究中要有层次分析、成分分析、环境分析，包括自然环境和人文环境，等等。在草原考古中要特别重视农牧结合区的工作，在海洋考古中要注意全新世初期海面大幅度上升对人类文化的影响等。我还特别强调科技考古的作用，认为是提高考古学科学水平的必由之路。关于域外考古，我国的学者做得很少，这与我们这个有几千年文明的历史，并且对世界文明有过重大贡献的大国的地位很不相称。我曾经呼吁应该首先注意和参与邻近国家和地区的考古，其次应注意古代文明最发达并且做过较多考古研究的地区，如古代埃及、古代两河流域、古代印度、古代希腊和罗马，乃至古代中美洲的玛雅文明等。山东大学的蔡凤书对日本考古和中日交流史的研究算是一个开头。吉林大学的杨建华对西亚两河流域的研究也颇有成绩。近年来陆续有些学者到蒙古、俄罗斯远东地区、越南、柬埔寨、印度河流域、中亚以及中美洲的洪都拉斯等地做了一些工作，总算打开了局面。希望能够有计划地长期坚持下去，以取得更加丰硕的成果。关于如何编写考古发掘报告的事，当时是有针对性讲的，可是没有起到作用。现在的报告越编越厚，该说的话没有说透，不必要的说明、插图和图版占了很大篇幅，遗迹的插图也多不规范。现在重申一下，希望多少能起一点作用。

一　考古学与历史学

考古学与历史学

一　什么是考古学？

以田野考古为基础的考古学大约肇始于 19 世纪中叶，至今已有一百六十多年的历史。我国的考古学如果从 1921 年正式发掘河南渑池县仰韶村的新石器时代遗址算起，也已有九十多年了。可是究竟什么是考古学，并不是每个人都清楚的。有人说考古就是挖掘和鉴定文物的，如果是这样，就不会成为一门学科。有人说考古是为历史研究提供资料的，如果是这样，就不过是历史学的附庸，也够不上一门独立的学科。美国一些人认为考古学属于人类学，是研究过去的人类学。还有些学者认为考古学与自然科学技术密不可分，似乎不应完全划归人文科学。至于社会上还有很多奇奇怪怪的说法，这里就不一一列举。因此有必要清楚地说明究竟什么是考古学，考古学的性质是什么？如果说考古学是研究历史的，她跟传统的历史学究竟是什么关系？考古学跟人类学和自然科学又是什么关系？这个学科到底具有什么特别的地方？在考古学研究的实物遗存不断地遭受破坏的情况下，考古学还会有前途吗？这个学科发展的前景如何？我想这些都是大家所关心的问题，当然也是我时常思考的问题。让我们首先简单地回答一下究竟什么是考古学。

长期主持和领导中国考古学研究的夏鼐先生曾经专门写了一篇文章《什么是考古学》，发表在《考古》1984 年 10 期上。他主编的《中国大百科全书·考古学》卷的总条目《考古学》，更是全面阐述考古学的重要著作。友人俞伟超也发表过一本论文集《考古学是什么》①。此外关于考古学

---

① 俞伟超：《考古学是什么》，中国社会科学出版社，1996 年。

通论或概论的书还有一些。看看这些文章和书籍，至少对考古学不会有太大的误解。不过话又说回来，即使是考古学家，究竟如何表述考古学才最合适，也还是有不同说法的。日本近代考古学的奠基人滨田耕作曾经从师于英国考古大家皮特利，他给考古学下的定义是："考古学者，研究过去人类的物质的遗物之学也"①。这有些像古器物学的定义。

法国的 G. 查尔－皮卡尔认为考古学是"历史学的一门辅助科学"。英国的格林·丹尼尔认为"这种说法是一个合理而且切实可行的定义概念"②。

苏联莫斯科大学的历史学家阿尔茨霍夫斯基说："考古学是历史科学的一个部门"，又说"考古学是根据实物史料来研究人类历史的过去的科学"③。以考古理论家著称的蒙盖特也有类似说法④。

美国的沙雷尔（R. J. Sharer）和阿什莫尔（W. Ashmore）说"考古学就是通过实物遗存研究人类历史的一门学科"⑤。

夏鼐先生说："考古学是根据古代人类活动遗留下来的实物来研究人类古代情况的一门科学"⑥。这里说研究古代情况，大概是觉得考古学研究的内容不限于人类历史吧。可是他和王仲殊为《中国大百科全书·考古学》卷所写的《考古学》总词条中却说："考古学是根据古代人类通过各种活动遗留下来的实物以研究人类古代社会历史的一门科学"⑦。这里把古代情况改成了古代社会历史，目的性更加明确了，似乎又还意犹未尽。

作为一门科学，不仅有它所依据的资料和研究的目的，还应该有它的理论和方法。经过再三考虑，似乎把考古学的定义作如下表述更为贴切一些："考古学是研究如何寻找和获取古代人类社会的实物遗存，以及如何依据这些遗存来研究人类社会历史的一门学科"。前半句话强调了田野考古

---

① 滨田耕作：《考古学通伦》6 页，俞剑华译，商务印书馆，1931 年。
② 格林·丹尼尔著，黄其煦译：《考古学一百五十年》372 页，文物出版社，1987 年。
③ A. B. 阿尔茨霍夫斯基著，楼宇栋等译：《考古学通论》1 页，科学出版社，1956 年。
④ A. L. 蒙盖特著，中国科学院考古研究所资料室译：《苏联考古学》4 页，1963 年。
⑤ R. J. 沙雷尔、W. 阿什莫尔著，余西云等译：《发现我们的过去：考古学》，上海人民出版社，2009 年。
⑥ 夏鼐：《什么是考古学》，《考古》1984 年 10 期。
⑦ 夏鼐主编：《中国大百科全书·考古学》2 页，中国大百科全书出版社，1986 年。

学，它是近代考古赖以确立的基础；后半句话强调了研究的目的和主要内容，从而明确了考古学的性质。两个如何则强调了考古学理论和方法论的重要性，而这是过去所有定义中被忽视了的。

关于考古学的性质与特点，在上述定义中实际上已经说明白了。其中的要点有三：

（1）考古学研究的对象就是从人类起源开始的整个古代社会，包括古代社会的历史、文化和人类本身。因此考古学在本质上是一门历史科学。

（2）考古学研究的资料主要是与古代社会相关的实物遗存，其中绝大部分已经淹没于地下，需要有特殊的方法和技术来发现、获取、分析与研究，才得以尽可能多地提取正确的历史与文化信息。而这些方法和技术基本上是属于自然科学的。

（3）基于以上两个特点，考古学需要建构自己的理论与方法论，同时要有历史学的一般理论，在某些方面还可以借用人类学和其他相关学科的理论与方法。

考古学传统的理论是进化论，认为人类的历史是分阶段向前发展的。在实际操作上分别借鉴了地质学的地层学、生物学的分类学和人类学中的文化圈理论，逐步形成了考古学的地层学、类型学和考古学文化的理论或方法论。在一百多年的实践中，这些理论和方法经过不断的充实与改进，至今仍然是考古学研究的基本理论和方法。但在20世纪60年代，在美国兴起了一个以宾福德为代表的新考古学派，认为考古学就是人类学，其目的不单是要了解历史，而是要探讨人类行为的一般法则，研究人类行为的过程，因而被称为过程考古学。以后又有所谓后过程考古学、认知考古学、社会考古学和新马克思主义考古学等。其中有些明显是偏离历史研究的，但也各有所长，不可一概否定。

考古学既是研究人类社会历史的学科，那它实质上就属于广义的历史学。西方学者多认为研究历史要回答五个问题或五个W——when, where, what, who and why? 用中文说就是五个何——何时、何地、何事、何人、何以？考古学研究同样要回答这五个问题。不过我觉得还要加一个何，就是何用？我们不是为考古而考古，要明白考古研究的目的和意义是什么。

二　考古学是怎样发展起来的

人们很早就对古代遗留下来的古物感兴趣，往往进行有意地收藏与研究。中国最早对古物有研究的当推伟大的思想家和教育家孔子（公元前551～前479年）。他自称"信而好古""好古敏求"。《国语·鲁语》中有很长一段文字记述根据孔子提供的线索，在陈国府库中找到西周初年北方少数民族肃慎贡献给武王的楛矢石弩。

有些考古学史的著作在谈到考古学中划分石器时代、青铜时代和铁器时代思想的萌芽时，往往提到古罗马诗人卢克莱修（Lucretius，约为公元前98～前55年）所著六卷本的《物性诗》，其中写道：

> 人类最先使用的工具/是有力的双手、指甲和牙齿/还有石头、树枝和火焰……之后又发现了铜和铁/铜是在铁之前为人们所用的。

卢氏仅仅排比了石头、铜器和铁器使用的先后，并没有指明具体的年代，而且最初使用的工具也不完全是石器。相比之下，据考证从战国即开始编写，而于东汉时人袁康编就的《越绝书·外卷·记宝剑第十三》中，谈到春秋时人风胡子对楚昭王（公元前515～前489年在位）说的一段话，不但年代更早，而且清晰和准确得多。他说：

> 轩辕、神农、赫胥之时以石为兵，断树木为宫室，死而龙藏，夫神主使然。至黄帝之时以玉为兵，以伐树木为宫室，凿地。夫玉亦神物也，又遇圣主使然，死而龙藏。禹穴之时以铜为兵，以凿伊阙通龙门，决江导河，东注于海，天下通平，治为宫室，岂非圣主之力哉！当此之时作铁兵，威服三军，天下闻之莫敢不服，此亦铁兵之神。

值得注意的是，这一段话中的"兵"不仅是指宝剑等能够威服三军的兵器，还包括能够伐树木为宫室、凿地、凿伊阙通龙门和决江导河的斧斤锄铲等生产工具。根据制造工具和武器的材料的演进来划分时代，正是丹麦C.J.汤姆森在1836年正式发表划分考古学时代的方法。可是风胡子比汤姆森早了两千多年！再者风胡子的对话中比汤姆森的分期多出了一个以玉为兵的时代，有些学者据此提出中国应该有一个玉器时代。多数学者认为，三期说至少在欧亚大陆各国的考古学界是通用的，如果在中间插入一个玉器时代，在中国勉强可以，在别的国家就行不通。况且在中国玉器最初流行的时代也是开始制造和使用少量铜器的时代，显然使用在考古学界比较通行的铜石并用时代比玉器时代要好一些。此话另当别论。令人惊奇的是风胡子所说石兵、玉兵、铜兵和铁兵的具体时代同现代考古发现的结果几乎完全一致。最早的石器时代就不用说了。玉器在新石器时代中晚期虽然已经出现，但是开始流行却要到铜石并用时代。人们估计这个时代同黄帝开始的五帝时代大致相当。夏商周是青铜时代，夏禹当然就是青铜时代的开始。铁器的使用除了个别的可早到西周晚期外，就是从风胡子所在的春秋时代开始的。

以上两例说明，早在春秋时代就有一些学者对古代的事情很感兴趣，而且有丰富的知识。从那以后，历代发现古物和对古物古迹进行调查研究者累有记述，到宋代更发展为一门研究古器物的学问。著名学者欧阳修和赵明诚等都有著作问世。根据容媛先生的统计，宋代流传至今的所谓金石学的著作还有 22 种，其中最重要者有吕大临的《考古图》（1092 年）和官修的《宣和博古图》（1098 年）等。到清代由于乾嘉学派推动，金石学或古器物学得到极大的发展，留下的相关著作将近千种①。不过金石学或古器物学都没有建立起获取资料的科学方法，难以直接发展为考古学。真正意义上的考古学是在进化论思想基础上，借用地质地层学和生物分类学的方法并加以适当改造，才得以产生的。

关于考古学发生的具体年代，尽管有多种说法，但大致都指向 19 世纪中叶或略早。通常认为 1836 年由 C. J. 汤姆森主持的丹麦国家博物馆正式出版的参观指南《北欧古物导论》，依据工具和武器的质地划分为如前所述的三个时期奠定了近代考古学的基础。由于这一划分符合人类文化发展的实际情况，至今仍为考古学界普遍采用。不过当初只是根据博物馆的陈列品按照进化的逻辑推导出来的。之后汤姆森的学生和助手 J. 沃尔赛据说是通过考古发掘支持了三期说的正确。须知考古学毕竟离不开田野工作，而田野考古是建立在地层学基础上的。有两件事对考古学的发生影响很大。一

---

① 容媛：《金石学录目》，中央研究院历史语言研究所单刊乙种之二，1930 年。

是查尔斯·莱伊尔（Charles Lyell）于1830～1833年陆续发表四卷本的《地质学原理》（*Principles of Geology*），第一次建立起科学的地质地层学。接着即有旧石器时代遗址的陆续发现，特别是珀色斯于1838年在法国北部索姆河边的阿布维利（Abbeville）发现打制石器和现已灭绝的动物化石共存，引起了学术界的关注。为此英国考古学家伊文思（John Evans）和地质学家普利斯特维奇（Joseph Prestwich）于1859年进一步考察了这个遗址，确认这个发现是可靠的，而且意义重大。认为它大大延伸了人类在地球上居住的时间，并且给基督教堂和大学里讲授的年代学以毁灭性的打击。正是在这一年（1859年），达尔文发表了进化论的奠基性著作《物种起源》，其中大量征引了莱伊尔的《地质学原理》。可以说地质地层学的建立，为达尔文的进化论学说提供了最有力的支持，也给科学考古学的建立开辟了道路。二是德国人施里曼（Heinrich Schliemann）从1871年开始，到1883年先后三次对特洛伊古城址进行了发掘，发现了七个层次的古城遗迹。这是把地质地层学的原理应用于早期文明时期多层遗址发掘的有益尝试，从而为建立考古地层学奠立了基础。此后考古地层学在应用中又有所改进，到19世纪末，英国的皮特·莱维尔斯（Pitt Rivers）将军在发掘波克利·德克（Bokerley Deke）遗址时不但划分地层，还注意按比例测绘平面图和剖面图。他在自己的博物馆中还曾将工具和武器按照进化的逻辑顺序排列，可以说是类型学的一种尝试。而类型学乃是支撑考古学的另一个基础理论，比考古地层学出现得晚，直到1903年瑞典人蒙特留斯（G. O. A. Montelius）的《古代东方和欧洲的文化分期》多卷本出版，其第一卷为《方法论：器物类型学》① 则是考古类型学的奠基性著作。此后类型学方法才为考古学者陆续采用，对建立各地的文化谱系发挥了极大的作用。所以严格地说，真正科学考古学的建立，整整经历了半个世纪，到20世纪初才算完成。

三　田野考古是考古学研究的基础

考古学所研究的资料绝大部分已淹没在地下，需要有一套科学的方法

---

① 此书有两种中译本，一是郑师许、胡肇椿译，书名为《考古学研究法》（世界书局，1936年）；二是滕固译，书名为《先史考古学方法论》（商务印书馆，1937年）。

来发现、发掘和记录。获取的资料还要进行科学的整理与分析，最后写出合格的考古报告，才能成为进一步研究的基础。这一套科学的方法和程序统称为田野考古学。如果不严格遵循田野考古的科学方法，就会失去许多有用的信息，甚至提供错误的信息，给进一步的科学研究带来许多麻烦和混乱。所以必须强调田野考古是考古学研究的基础。

为了寻找不同时期不同形态的考古学遗存，可以有不同的方法。一种方法是组织人力进行普遍调查，以便大范围地了解各种类型的考古遗存和文物古迹，为保护文物和进一步的考古研究做准备。较深入的调查有区域性调查和专题调查，前者多用于不同时期的聚落遗址调查，带有一定的综合性质；后者如旧石器遗址调查、矿冶遗址调查、长城调查、石窟寺调查、瓷窑调查、古建调查等，多由具有专门知识的学者担任。除了地面调查以外，为了对地下埋藏的情况有所了解，可以进行钻探或电磁探测。判读工业化以前的航空照片或利用遥感技术也可以收到很好的效果。能不能发现某种考古遗存，专业知识是很重要的。举两个例子。一是安阳殷墟甲骨文的发现。清朝末年的国子祭酒（相当于教育部长）王懿荣 1898 年在中药铺买来的所谓龙骨上发现刻有商王名号的文字，断定是商代的遗物，打听到那些"龙骨"是从河南安阳挖取的。后来中央研究院历史语言研究所考古组的董作宾到安阳殷墟调查，果然发现当地农民挖取带字甲骨卖钱，从而引发了后来安阳殷墟的大规模的考古发掘。如果不是王懿荣从"龙骨"上辨识出商代甲骨文，就不会有董作宾去安阳殷墟的调查，更不会有考古组持续多年的科学发掘，商代晚期的都城遗址就会失之交臂，或至少要推迟若干年才能发现。二是北京周口店龙骨山北京人遗址的发现。1918 年，当时担任中国政府矿政顾问的瑞典地质学家安特生发现那里因为开石灰矿挖出了许多"龙骨"，实际是古生物化石。1921 年，他在一个洞穴的堆积中采掘化石时发现了一块石英石，他认为那里不应该有那种石块，肯定是有人带进去的，从而引发了后来震惊学术界的北京人及其丰富的文化遗存的发现。如果没有深厚的地质知识和敏锐的观察能力，如此重要的遗址就会遭受毁灭而没有人察觉。

田野考古最重要的环节是发掘。埋藏在地下的考古遗存，只有通过科学发掘才可能获取符合实际的科学资料。考古遗存的形成有一个历史的过程，每个遗址就好比一部地书。书要一页一页地读，地书也要一层一层地揭开才可能读懂。只是地书要倒着读，从现在读到过去。而且每层的遗存往往很破碎，需要将各种迹象联系起来才可能勉强看懂。这就是考古地层学要研究的内容。

自从人类开始过定居的生活，就会出现各种形态的聚落，从大大小小的村落进而发展出市镇和都城，它们废弃后形成的遗址都有一定的面积。而考古发掘只可能从一个局部的范围开始。究竟选择什么地方首先动土，需要从全局出发，还要根据发掘者的学术目标，以及可能提供的人力、物力和时间等条件来考虑。要有科学的计划，尽量避免随意性。考古发现的遗迹如房屋基址、陶窑、水井等，要及时照相、绘图和记录，在提取必要的信息后要原地保护。各种可移动遗物则可以视需要尽可能提取，以便在室内进行修复、测试和研究。测试的范围是很广泛的。比如陶瓷器，通过原料成分的微量元素的分析可以追溯其产地，通过残留物分析可以了解是否炊器，炊煮过什么食物；或是否酒器，盛过什么酒之类。如果是石器，比如石斧或石刀之类，可以通过微痕研究了解其功能和功效。石磨盘和石磨棒可以通过残余的淀粉粒了解其是否加工过粟、黍等谷物，进而了解当时是否有农业。诸如此类，名目繁多，已经成为科技考古的重要内容。

在室内整理研究中的一项基础性工作应该是类型学研究。所谓类型学又称为标型学，在田野考古研究中主要是根据器物出土的层位关系进行排比，看看在形态上是否有明显的变化。实际上有的器物变化快，有的器物变化慢；有的器物有明显的逻辑演变序列，有的则看不出有什么变化规律。这只有在反复排比研究后才能明白。一般地说，那种常见的、形态复杂而又有明确变化规律的器物，即可视为标准形制的器物，就像古生物学中的标准化石一样。例如仰韶文化中的小口尖底瓶和商周考古中的陶鬲就是这样的标型器物。根据标型器物之间的组合关系和整个器物群的变化即可进行器物分期。在器物分期的基础上，一些无法辨别期属的遗存如动物骨骼、植物遗存和房屋基址等各种遗迹，都可以根据与标准器物的共存关系以确定其所属文化期。如果拿这些标准器物同别的遗址的出土物进行比较，便可以划分文化圈或探索不同文化之间的关系。如此可以看出类型学在考古学研究中的特别重要的地位，进而理解为什么说田野考古学是考古学研究的基础。

四　考古学扩大了历史学研究的范围

关于考古学对研究人类历史的作用与贡献，澳大利亚出生的英国著名考古学家柴尔德有一个生动的比喻。他说：

> 考古学引起了历史学的变革：它扩大了历史研究的空间范围，犹如望远镜扩大了天文学对空间的视野一样；它把历史的视线往后伸展了一百倍，就像显微镜为生物学揭露了隐藏在巨大躯体内的最细微的细胞生命；最后，考古学又如放射性给化学带来的变化一样，改变了历史学的内容。[①]

这个比喻相当形象地说明了考古学对于研究人类历史的巨大作用。一是扩大了历史研究的地域，二是延伸了历史研究的时间，三是拓展和充实了历史研究的内容。更为重要的是，正如望远镜和显微镜可以不断地改进，甚至进一步发明了射电望远镜和电子显微镜，视野更加开阔，观察更加深入细致。在考古学领域，由于现代科学技术的应用，能够探索和研究的领域也越来越宽广，越来越深入，对于人类历史的认识越来越科学化，越来越接近于历史的真实。这是考古学的一个非常重要的特点。须知只是在考古学产生以后才有史前社会的确立，早期文明的再现和古代历史内容的充实。而所有这些都是有科学基础的。

下面就考古学对研究历史的作用略作进一步的说明。

首先，考古学极大地扩展了历史研究的时间范围，为我们研究人类历史的全过程铺平了道路。人类历史究竟有多少年，在考古学产生以前是不知道的。传统的历史研究离不开文献记载，最早的历史文献距今不过三千多年，在此以前只有不确定的传说。中国传统的历史记载多从被称为人文始祖的黄帝开始，但并没有确凿的证据。西方许多人根据旧约圣经《创世纪》的说法，以为人类历史只有六千多年。所以当19世纪中叶英国和法国的一些地方发现了旧石器时代的遗存，并且得到地质学和考古学家的确认后，西方被宗教笼罩的学术界所视为经典的《创世纪》的传说就不攻自

---

① 　V. Gordon Childe, *Progress Archaeology*. p. 2, Watts 1944, London.

破了。

　　考古学根据人类遗留的实物遗存来研究人类的历史，完全不受文献记载的限制。只要地球上出现了人类，而且留下了相关的遗存，经过考古学者的发现和研究，就可以在一定程度上复原当时的历史。但考古学遗存不是一下子都能够发现的。而且年代越久留存下来的越少，越不容易发现。探索最早的人类遗存需要多年不懈的努力，还需要有理论上的突破。经过一百多年的努力，已经可以把人类和人类社会的历史一直追溯到两三百万年以前的起源时期，把人类社会的历史扩展了好几百倍。不过不少学者主张人类历史应该从十万年前现代人产生的时候算起，以前的两百多万年只能算是从猿到人的过渡时期。即使这样，也比文献记载的历史扩展了好几十倍。

　　就是到了发明文字以后，最早的文献也会因为难以流传而全部或大部分忘佚，只有通过田野考古才能重新发现。正是由于考古发掘获得的大量实物资料与文字资料，才建立了古代埃及史、古代两河流域史、古代印度史、古希腊的克里特和迈锡尼早期文明史等。中国商周时代的历史虽然有一些文献资料，但是远远不够；考古发现的大量甲骨文、金文、简帛文字以及大量的实物资料，已经有可能重建一部内容大大充实的商周历史。

　　其次是历史研究地域范围的扩大。传统的历史学主要是文化比较发达并且有自己文字记载的民族的历史。你打开地图来看，世界上有文字记载的国家和民族只占很小的一部分，大部分民族没有自己的文字。在十五六世纪的所谓地理大发现以前，许多民族甚至不为有文字的民族所知，他们的历史自然不会反映在历史文献之中。考古学则不会受到这样的局限，只是由于考古学者的不懈努力，才得以把大量没有文字记载的民族的历史揭示出来。例如殖民主义者进入以前的美洲的历史、大洋洲的历史、非洲中南部的历史都是由考古学逐渐探明的。中国大多数少数民族的历史虽然在统治民族的文献中有所反映，但是因为受到各种条件的局限而难以得到正确而全面地反映，这样也就需要考古学来进行复原历史的工作。

五　考古学充实了历史学研究的内容

没有文献记载的历史固然需要考古学来研究，即使有文献记载的历史也要靠考古学来充实。这个时期的考古学通常被称为历史考古学，以区别于史前考古学。中国的历史文献大概是世界上最丰富的，官修的正史如二十五史就有很大的分量。正史之外还有许多历史书籍和与历史有关的文献，是我们研究历史不可缺少的资料。不过文献记载的内容多偏重于上层社会的历史，诸如宫廷史、政治史、军事史、文化史和人物传记等方面，而比较缺乏下层民众生活的记述，对于生产和经济活动的记述比较少，且不大具体。优点是有具体的时间、地点、人物和情节，有些事情还有当时人的分析和评价。而考古学研究则不分阶层一例看待，发现的遗物有实感，对于经济、技术、造型艺术和人居环境等都可以有比较深切的认识，从而大大充实了历史学研究的内容。

比如根据文献记载，中国从什么时候开始使用铜器和铁器是很模糊的。这涉及中国何时进入青铜时代和铁器时代，在青铜时代之前是否还有一个铜石并用时代的问题。虽然《史记·封禅书》上有"黄帝采首山铜铸鼎于荆山下"的说法，还有蚩尤作兵和铜头铁额的说法，因为都是后人的传说，难以征信。考古发现则可以追溯到公元前4500年前后。例如陕西临潼姜寨一期的房子里就发现有黄铜片，西安半坡及稍晚的渭南北刘也发现有黄铜片。到仰韶文化晚期和龙山时代，铜器出土越来越多，可见中国确实有一个铜石并用时代。现在知道西亚是人类最早发明和使用铜器的地方。伊朗西部的阿里·柯什（Ali Kosh）发现用铜片卷成的铜珠，年代可以早到公元前七八千年。人工冶炼铜器也比中国早。但中国最早铜器的成分和冶炼技术都是独特的，可见中国最早的铜器应该以独立起源为主，也应该有西方因素的传入[①]。此后即进入青铜时代。中国的青铜铸造技术是世界上水平最高的，只要看一看三代青铜礼器种类之多，造型之复杂，纹饰的细密与繁复，就一目了然了。

中国什么时候开始制造和使用铁器？文献记载也是不明确的。虽然

---

① 　韩汝玢、柯俊主编：《中国科学技术史·矿冶卷》213页，科学出版社，2007年。

《尚书·禹贡》提到梁州"厥贡璆铁银镂"，但谁也不会相信大禹时期会制造铁和钢（镂）。因为《禹贡》本身就不过是战国时期的拟古之作。至于《左传·昭公二十九年》（公元前513年）记载晋国赵鞅等"赋晋国一鼓铁以铸刑鼎"，学者多认为鐵（铁）字为锺字之误。再说用铁铸鼎并将一部法律条文铸刻上去，在当时的技术条件下是很难想象的。只有到战国时期的《孟子》《管子》《荀子》《韩非子》等书中才有明确的铁器制造、使用和贸易的记载。但文献记载的是锻铁还是铸铁并不清楚，而这在铁器发展史上是十分重要的问题。考古发现确知人类利用铁器是从陨铁开始的。古代埃及格尔泽和两河流域的乌尔都发现了公元前3000年前后的陨铁制匕首。中国最早的铁器也是用陨铁制造的，只是年代要晚得多。河北藁城台西发现的铁刃铜钺和北京平谷刘家河发现的铁刃铜钺均属商代中期，年代不晚于公元前1400年。早年在河南浚县辛村西周大墓中也曾出土陨铁制作的铁刃铜钺和铁援铜戈。河南三门峡上村岭虢国大墓中，编号2009号墓出土"虢仲作虢妃宝盨"的铜器。同出有三件陨铁制品，分别是铜内铁援戈、铜柄铁削和铜銎铁锛。虢仲是随平王东迁而从宝鸡的西虢东迁至三门峡地区的。因此这些陨铁应该是东周初年的物品。中国最早的人工冶铁制品出自新疆。哈密焉不拉克31号墓出土的刀、戒指和残剑等7件铁器，碳－14年代在公元前13世纪以前。和静察吾呼和轮台群巴克出土铁器的年代也比较早。处于帕米尔高原的塔什库尔干的香宝宝墓地也曾出土较早的铁器。内地较早的人工冶铁也见于虢国墓地。编号2001的虢季墓出土的玉柄铁剑就是用铁矿人工冶炼而成，年代相当的宝鸡益门出土的金柄铁剑也是人工冶炼的。

中国最早的铁器多为块炼铁。最早的生铁见于山西天马—曲村，年代为春秋早中期，即公元前8～前7世纪。湖南长沙杨家山和窑岭各出土一件铸铁鼎，后者较大，口径达33厘米，年代约当公元前5世纪。如此大而形态复杂的铸件明显是青铜礼器的铸造方法发展而来的。中国的铸铁技术远远早于西方，应该与青铜礼器的铸造技术的高度发展有关。生铁的弱点是性脆易折，为此又很快发展出韧性铸铁、脱碳铸铁和脱碳钢。这些在文献记载中是完全不清楚的。

中国是著名的丝绸之国，但古代的丝绸到底是什么样子无法确知。湖南长沙马王堆出土了大量织造技术极高的丝绸衣物，见过的人无不叹为观止。那是西汉初年的遗物。湖北江陵马山 1 号墓出土的大量丝织品跟马王堆所出水平不相上下，而年代更早到战国时期！这些丝绸所体现的织造方法，衣物的种类和式样，印染技术，花纹的艺术风格以及服饰的礼俗等都可以进行深入的研究。这些在文献记载中都是很模糊或完全阙如的。

中国又是著名的瓷国。瓷器的起源、发展和不同窑系的特色及其演变的情况，只能靠陶瓷考古的研究才能明白。至于农业的起源乃至文明的起源等重大问题，更是只有依靠考古研究才可能回答。诸如此类还有许多，可说不胜枚举，从而极大地充实了历史研究的内容。但考古遗存不会说话，历史时期的考古遗存往往需要结合文献才能阐释明白，而中国恰恰具有极其丰富的历史文献，这正是中国考古学的优势所在。如果把两者结合起来，就会相得益彰，因而对建立比较完全的历史具有重要作用。

六　考古学使历史研究走上科学化的轨道

传统的以文献为基础的历史学属于人文学科，与自然科学很少发生关系。考古学就其研究人类历史的目的来说，也具有人文学科的性质；但就其研究方法来说，则基本上属于自然科学。这主要体现在田野考古和实验室考古以及若干分支学科，如环境考古、植物考古、动物考古、农业考古、冶金考古乃至天文考古和考古年代学等方方面面。

田野考古的内容已如前述，那基本上是运用科学方法和相关技术以获取可信的考古资料。由田野考古获取的资料有许多需要在室内进行测试，有些器物的功能则需要进行模拟试验。比如你发现一件铜器，除了要对其形制和花纹进行描述和比较研究外，还要了解是怎样制造的，是锻造还是冶铸，原料中是否有砷，是否掺锡或铅，比例如何，由此也可以进一步探讨其制作工艺的传承，还可以通过铅同位素分析等探索其原料的产地。如果发现一件陶器同样也要研究是怎样制造的，陶土的产地在哪里，有什么掺和料。假如是彩陶或彩绘陶，彩料是什么，是否有不同的产地。如果是盛储器、食器或炊器，则可以通过残留物分析以了解其盛储了什么物品，盛过或炊煮过什么食物。如果是漆木器或丝麻等纺织品，首先要考虑如何能有效地保护，进而研究其制作工艺，诸如此类。如果要测定年代，可以用碳－14、铀系、钾氩法、热释光等许多方法。如果要了解环境状况，可以对地质、水文状况以及动植物群落的研究来获得。植物的研究除了种子或茎秆等标本外，还可以通过土壤中的孢粉或植硅石的组合来提取信息。以上种种已经发展出一个科技考古的学科分支。随着现代科学技术的不断发展，科技考古也随之不断发展。考古学研究的科学水平就会不断提升，从此整个历史学研究就逐步走上了科学化的轨道。

七　结论

过去有一种说法，认为考古学和历史学好比车子的两个轮子，一个以文献为基础，一个以实物为基础，缺一不可。事实是在考古学产生以前就有了以文献为基础的历史学，考古学是直到近代才随着自然科学的发展而发展起来的。不过文献史学虽然有漫长的历史，其发展却很缓慢，只是在考据、校勘或理论、方法上有所进步。由于史料浩如烟海，真正要把这些资料弄懂弄通是很不容易的。一个合格的历史学家必须是才学识兼备，其中尤以史识为最重要。考古学既然也是研究历史的，一个合格的考古学者自然也需要才学识兼备，只是具体要求有所不同而已。考古学不涉及在历史学中占有极为重要地位的近现代史，现在西方有些人搞所谓工业考古，无非是用考古的手段来研究早期工业的遗存，说不上真正的考古学。如果从总体上来看，考古学既然极大地扩展了历史学研究的范围，又在许多方面开拓了历史学研究的内容，并且使历史学走上了科学化的道路，实际上就是对传统历史学的一场革命。实事求是地说，只是有了考古学，并且同文献史学结合起来，才有谱写比较完全的人类历史的可能。

当然，考古学研究历史也有其天然的局限性。首先就受到资料的局限。因为人类历史是活的社会演变的历史。人们的语言、思想、社会活动，以及社会制度、社会组织等，有的无法保存，有的只能通过实物遗存间接地反映。而实物遗存又历经多年自然与人为的破坏，只有少部分能够保存下来。年代越久，能够保存下来的几率就越小。即使保存下来了，还不一定能够被考古发现；发现之后也不一定都能够被科学地记录和研究。至于更深入地开展发掘，就只能选择重点来进行。考古发掘是一项慢功夫，要一面发掘一面研究，稍一不慎就会出错。一个大型的遗址，可能要几代人接连去做。例如安阳殷墟从 1928 年开始连续进行了 15 次发掘，获得了重大的成果，初步显现出商代晚期都城的面貌。中间因为抗日战争等中断了一个时期，从 1950 年开始直到现在，每年都进行发掘，多少年了？北京周口店旧石器时代遗址从 1926 年开始发掘，断断续续挖了几十年，到现在也还在继续。我想在发掘水平不断提高的情况下再挖几十年，也不能说就完全清楚了。用一句通俗的话来说，只有进行时，没有完成时。至于发掘出土的东西要进行科学测试、分析和研究，随着科学的发展，分析和测试的手段会不断进步，甚至相关的科学理念都会有新的发展乃至更新。在这种情况下，考古学的研究自然也会越来越深入，越来越接近于历史的真实，这个过程同样也只有进行时而没有完成时。我想这既是考古学的局限，也正是考古学的魅力之所在！

（本文据 2005～2007 年在北京大学国学研究院为博士班讲课的内容充实修改而成）

二　走向21世纪的中国考古学

走向 21 世纪的中国考古学

中国考古学是世界考古学的重要组成部分。她经历了同世界考古学大致相似的发展阶段，即从以研究古代遗物为主的古器物学发展为以田野考古为基础的近代考古学，再发展到以全面复原古代人类社会历史为目标的现代考古学。每一个阶段的理论、方法在许多方面是相似或相通的，但中国考古学毕竟还有自己的特点。

中国的古器物学出现得很早，大约在一千年以前的北宋便已初具规模了，这便是后人所称的金石学。金石学研究的古物虽然种类繁多，但以有铭文的商周青铜器和秦汉以来的石刻为主，藉以考订史实或补充历史记载之不足，跟历史学的关系似乎比欧洲 16 世纪兴起的古器物学还要密切一些。

一般认为，中国的近代考古学是从 1921 年河南渑池县仰韶村遗址等处的发掘才开始的，比欧洲整整晚了半个世纪以上。正如欧洲的史前考古学起初是由地质学家开展的一样，中国的史前考古学首先也是由地质学家开展起来的。当初的地质调查所不仅负责调查和发掘了仰韶村等一大批新石器时代遗址，并且从 1927 年起组织了对北京周口店洞穴等旧石器时代遗址的发掘，发现了十分丰富的北京猿人化石、一大批石器和动物化石，还有长期用火的痕迹等，成为当时世界旧石器时代考古的一件大事。由于一开始就有不少知名的外国学者与中国同行共同工作，其中涉及地质学、古生物学、古人类学和考古学等许多学科，可以说在中外合作和多学科合作方面都获得了成功，从而初步奠定了中国史前考古学的基础，并且很快就能够同世界范围的史前考古研究接轨。

1928 年，中央研究院历史语言研究所成立了以李济为首的考古组，随即组织了对河南省安阳市北部殷墟的发掘，前后持续十年之久。其规模之大和收获之丰富，在世界考古史上也是不多见的。这次发掘发现了一座商代晚期的都城和一个完整的王陵区，获得了大量的实物资料和甲骨刻辞等文字资料，把中国古代历史的研究推进到一个崭新的阶段。与此同时还调查和发掘了许多新石器时代遗址，确立了仰韶文化、龙山文化和殷商文化的相对年代关系。这不仅为中原地区的考古年代学奠定了初步的基础，也为殷商文化的来源找到了一个重要的线索。更为重要的是，通过这些工作锻炼成长起来了一代考古学家，形成了一套行之有效的田野考古方法和管理制度，对中国考古学后来的发展产生了深远的影响。

中国近代考古学虽然取得了相当的成绩，但因起步较晚，而且是在西方考古学已然成熟的时候才传入的，所以没有形成具有自己特色的理论和方法。如果说多少还有一些自己的特点，那便是对传统金石学和古文字学成果的继承与发展，这特别表现在对殷墟甲骨卜辞和殷周铜器铭文的研究方面。正因为如此，中国考古学的历史学传统一直是非常清楚的。

二次大战后，无论是东方还是西方，考古学都发生了深刻的变化。所以治考古学史的人，总是把 1950 年或 1960 年作为考古学发展新时期的一条界线。新时期考古学的特点似乎可以概括为两条，一是更加明确以全面复原古代人类社会历史为目标，二是多学科的交叉和现代自然科学技术的广泛应用。过去往往把东西方的考古学看成是完全对立的两种体系，其实并不尽然。两者除哲学基础有所不同外，毕竟还有考古学自身的一般性特点，包括学科目标以及为达此目标所建立的理论和方法等，而后者在许多方面是相通的。就考古学的目标而言，20 世纪 50 年代以前虽然也是研究古代历史的，但因受到方法和技术手段的限制，实际上主要是进行考古学文化的特征、起源、分期、发展阶段和相互关系等所谓文化史的研究，而且描述多于解释。这种情况最容易引起青年人的不满。早在 30 年代，苏联的一批青年学者就批评传统考古学研究是单纯器物观，批评类型学方法是用生物学观点解释历史，要求用辩证唯物主义的发展论取代当时流行的传播论等等。总之他们要求用新的观点和方法全面地研究古代人类社会的历史，应该说是符合考古学的目标和发展方向的。但是他们对考古学了解太少了，批评显然是过头了，以至于后来很容易受到历史学中的波克罗夫斯基学派和语言学中的马尔学派那一类庸俗的机械唯物论的影响。直到 50 年代比较彻底地清算那些错误思想，走上健康发展的道路，才逐渐形成具有自己特色的苏联考古学派。这个学派主张考古学是历史学科的一个部门，主张以马克思主义哲学为指导，通过对实物遗存的研究以恢复人类历史的过去。在研究方法上强调与民族学资料的结合和自然科学技术的利用。虽然后来这个学派内部又分成了许多派别，总体目标和发展方向还是没有多大改变。在西方，英国的考古学家戈登·柴尔德很早就提出考古学应把研究人和人类社会作为主要的目标，为此他曾作过许多努力，提出过像新石器时代革命和城市革命一类的精辟见解。美国的瓦特·泰勒等也对传统考古学不能很好地复原人类社会的历史提出过批评。到 60 年代之初，首先由芝加哥大学的一批青年人发难，提出要建立一种与传统考古学大不相同的所谓新考古学。按照路易斯·宾福德的说法，新考古学的目标应该跟人类学一样，"是试图说明和阐释整个时空内的人类生存之物质及文化上的异同现象"，实际上也是要复原整个人类社会的历史。为了达到这一目标，新考古学广泛利用系统论、生态学和环境考古等许多相关学科的方法。尽管这个学派一产生就受到许多方面的批评，它的内部也进行过许多争论和反思，但不可否认它是西方考古学发展中的重要转变。它同苏联考古学派一样具有鲜明的时代特色，因此我们可以把这个时期的考古学称为现代考古学。我认为，新中国成立以后 40 多年来考古学的发展尽管有不少曲折和起伏，有一个时期甚至处于与国外考古界相对隔离的状态。但从基本目标、研究方法和发展趋势来看，仍然没有完全离开世界考古学发展的轨道。

中国这一时期的考古学可以"文化大革命"为界分为前后两个阶段。前一阶段从 20 世纪 50 年代到 60 年代前期，是酝酿大变革的时期。50 年代经济建设的全面开展，促使田野考古工作很快发展起来，一时积累了很多资料而研究工作跟不上去，如何用新的观点来进行研究更是有待解决的问题。1958 年，首先在学校开展了考古学研究方向的大辩论。学生们不满足于教学中那种"见物不见人"的倾向，提出要反对单纯器物观点，反对把考古学当作一门边缘学科，应该尽可能地通过实物遗存来恢复人类历史的本来面目。这很像 30 年代苏联青年学者提出的问题。学生们的冒失行为反而引起教师们的深思，认为这些问题关系到考古学的根本性质和发展方向。

通过辩论，大家认识到考古学是一门历史学科，其任务是要全面复原自有人类以来的古代社会历史，研究手段则应尽量科学化和现代化。这一认识很快就扩展到整个考古界，接着又倡导建立马克思主义的中国考古学体系，得到了广泛的响应。尽管在这一时期也有"左倾"思想的干扰，研究课题比较单一，实践上也有简单化和急躁冒进的倾向。但这不是主流。这时期有不少学者本着实事求是的精神，在自己的研究中逐渐摸索着走一条符合中国具体情况，又不脱离考古学自身发展轨道的路线。可是刚刚起步，就被"文化大革命"所打断。直到 70 年代后期实行改革开放，迎来了科学的春天，考古学才得到正常的发展。从那时起直到现在可以划为后一阶段，是健康发展的时期。这些年来，我国的田野考古规模不断扩大，并且日益走上了法制化管理的轨道。从 1981 年开始的第二次全国性文物普查，除了对已知的考古遗址进行了更加详细的调查以外，还新发现了数以万计的各个时期的遗址。在这个基础上正在编辑和陆续出版多卷本的《中国文物地图集》。配合长江三峡水库和黄河小浪底水库等许多工程项目的考古工作正在紧张地进行。我们的田野考古工作既要注意配合工程建设，又要根据学科发展的需要来选择重点，必要时还可以作一些主动性发掘。这一政策不但有效地解决了工程建设和保护古迹的矛盾，而且大大加速了考古学科的发展，提出和解决了一系列重大的学术课题。

在史前考古方面，新发现的旧石器时代遗址已经遍及全国各个省区。陆续发现了一些石器制造场或生活遗迹，注意了石制品的拼合和石器功能的研究。通过广泛的比较，对于中国旧石器文化的特点和发展谱系形成了新的认识。新石器时代早期文化和农业起源的研究已经有突破性的进展，全国新石器文化的发展谱系已日渐明确，人类文化与自然环境的关系已受到越来越多学者的关注。通过聚落形态和埋葬制度的研究，初步探索了各个时期的社会性质和社会组织结构，进而对文明起源的问题也提出了一些新的看法。

商周考古不但已发展为夏商周考古研究，而且已扩大到整个青铜时代诸文化的研究。夏商周文化同周围青铜文化的关系，将是今后研究的重要课题。而 1983 年偃师尸乡沟商城的发现，对于夏商文化的分际以及商代都城的定位问题都具有十分重要的意义。陕西周原西周甲骨文和各地大量铜器铭文的发现使古文字的研究有可能推进到一个新的境地。

春秋战国在中国历史上是一个重要的转型时期。新的考古发现证明我国至少在春秋晚期便已进入铁器时代，而个别铁器的制造则可以追溯到西周晚期。铁器的出现不但促进了农业与手工业的发展，而且使大规模地修建城池与水利工程成为可能。春秋战国列国都城的勘察和发掘已有不少收获，对我国早期都城的特点已有相当的认识。

从秦汉时代起，我国历史进入中央集权制阶段。其后虽有起伏，也可划分为几个发展时期，但直到清朝末年，这个性质基本没有改变。这个时期的考古也便成为我国历史考古学的主要内容。秦汉以降历代都城的演变不但是我国这一时期历史发展的一个缩影，而且对东亚一些国家的都城制度也有重要的影响。有些都城历经许多朝代，不但在地层关系上造成十分复杂的情况，而且由于现代建筑鳞次栉比，给田野考古带来许多困难。不过后期城市布局往往也可以作为探索早期城市道路规划的重要线索，这方面已经积累了不少经验。近几年更兴起了城市考古这一分支学科，应该是一个积极的发展。对这个时期墓葬的研究投入了更多的力量，勘探和发掘的各类墓葬数以万计，这对于了解历代陵墓制度和丧葬礼俗，进而研究各个时期的社会制度和社会生活的方方面面都是十分宝贵的资料。秦始皇陵兵马俑坑和铜车马坑、长沙马王堆汉墓、广州南越文王墓和河南永城汉梁王墓等的发掘，都是举世知名的考古工作，其成果大大丰富了我国物质文化史、美术史、科技史以及中外关系史的内容。

在这个阶段，一些专题性的考古调查研究，例如岩画调查、长城调查、石窟寺调查和丝绸之路的调查等都做了不少工作。关于边疆和少数民族地区的考古工作和中外交通方面的考古研究等也都取得了很大的进展。

科技考古本来是一个比较落后的领域，但近年来发展特别迅速。这包括两个方面的内容。一个方面是对古代科学技术的研究，如冶金、陶瓷、纺织、造纸、天文历法、农业科学等方面都有不少研究成果。另一方面是现代科学技术在考古研究上的应用，如各种测定年代的技术、探测技术、成分分析、制造工艺研究、保存科学研究、动植物遗存研究、孢粉分析和植硅石分析、环境考古等等。其中不少已经接近或基本达到了国际水平，这是十分可喜的现象。为了把有关力量更好地组织起来，已经召开了几次全国性的科技考古学术讨论会，现正积极筹备成立中国科技考古学会。

关于考古学理论与方法的建设以及考古学史的研究也已有了一个好的开端，这是学科正在走向成熟的一种表现。现在有些年轻人有一种困惑。他们看到国外考古学理论五花八门，国内一些有影响的学者的看法也很不一致，谁对谁错难以分辨，感到无所适从。我倒是觉得理论上的活跃是一件好事。因此我赞成张光直的理论多元化、方法系统化和技术国际化的主张，但是我们提倡把辩证唯物主义作为各种考古学理论的哲学基础。理论多了可以让人们有个比较，好坏优劣可以从比较中看出眉目。而判断好坏优劣的标准应该包括两个方面：第一，是否能够正确地把握考古学的性质和特点；第二，是否能够正确把握现代科学发展的脉搏。如果说得更明确些也是两条：第一，你的理论和方法是否能更有效地处理古代人类社会遗留下来的实物资料，以便从中提取尽可能多的科学的信息；第二，你的理论和方法是否是研究古代人类社会的历史及其发展规律这个目标的一种比较有效的途径或手段。用这两条标准来衡量，将会发现有许多理论和方法是可取的，或至少有可取的成分。而比较好的理论和方法也往往有不足和不够完善的地方。这就要求我们摆脱形而上学的思维方法，从纷繁的事物中把握正确的方向。善于学习，勇于创新，中国考古学的真正的黄金时代将会来临。

现在人们谈论最多的一个话题是如何迎接或走向 21 世纪，我们这次会议的主题也就是"迎接 21 世纪的中国考古学"。我个人认为，中国考古学走向 21 世纪的过程，也将是走向现代化和走向世界的过程。要把这件事情办好，首先要有观念上的转变，同时也要采取一些必要的措施。过去我们习惯于把考古学看作是历史学科的一个部门，后来感到考古学研究的资料和所采用的理论、方法等，都和一般意义上的历史学有很大不同，美国人则干脆把考古学看作是人类学的一部分。因此我们一些人倾向于认为考古学就是考古学，强调考古学的独特性和纯洁性。在我看来，这些意见都有道理又都不十分完善，不必相互排斥而应相互吸收。科学的发展总是在不断地分化和不断地相互渗透中实现的。一个学科总是在与别的学科相比较而找到自己的位置，又是在与别的学科发生这样那样的关系中存在和发展的。任何学科都不能离开现代科学发展的总轨道，而从事某一学科研究的学者也不能没有现代科学的素养。这既包括人文社会科学，也包括自然科学；包括理论、方法，也包括技术手段。正是因为有这一背景，考古学研究中才会有系统论的应用，有经济考古学、社会考古学、民族考古学、人口考古学；还有考古埋藏学、地质考古学、生物考古学、环境考古学、实验考古学、计量考古学等等新的分支的出现。其中每一项可能都不很完善，甚至够不上称为分支学科，但总是在某一方面有所深入，对于考古学总目标的实现是有好处的，显然应该欢迎而不要采取排斥的态度。没有这一条，是谈不上学科的现代化的。还有一个传统的观念，认为考古学同数学或物理学不同，它不是普适的，而是一种民族性很强的学科。中国人学中国考古学就够了，学外国考古学没有多大用处。同样外国人如果用外国考古学的那一套理论和方法，也很难研究中国考古学。这种说法是有一定道理的，但不能绝对化。中国那么大，历史那么长，民族那么多，考古学遗存那么丰富，遗址的类型又是那么复杂，需要研究的问题可说是不计其数。其中有一些关系到全人类历史发展的重大课题，例如人类的起源和早期发展，农业的起源及其对人类社会的影响，中国文明的起源及其对世界古代文明的贡献等等，既是世界性的课题，也是中国考古学的重要课题。应该说这里是发展考古学理论和方法的最好的地方之一，是可以产生考古学大师的地方。不过中国也是世界的一部分，如果不站在世界历史的高度来看中国，那么中国文化有什么特点，在世界古代文明中占有什么样的地位，中国历史怎样影响了世界历史的进程，又受到世界历史的那些影响，这些问题就很难说得清楚。所以人们常说中国要走向世界，世界也要了解中国。这些年我们打开了大门，有许多学者到外国去访问、讲学或参加国际会议；同时邀请了许多外国学者来我国访问讲学或参加学术会议。近年来我们还同一些国家的学者合作进行田野考古工作和研究工作。在国内书刊上介绍外国考古的文章多起来了，一些学者在自己的研究中试图借鉴国外流行的某些方法。不少留学生到国外学习考古学或人类学，高校考古专业陆续设置了一些外国考古课程。但这些努力仅仅是初步的，还应该有进一步的措施。要在全国性考古学规划中把外国考古学作为重点项目纳入。可是世界那么大，不可能面面俱到而应该有选择有重点。我想首先要加强三个方面的研究。一方面是对与中国相邻的、历史上曾经同中国发生过密切关系的国家和地区，例如东北亚的朝鲜半岛、日本和西伯利亚，东南亚、南亚和中亚各国的考古学研究。二方面是对世界古老文明和中国古代文明的比较研究，诸如美索不达米亚文明、尼罗河文明、印度河文明和中美洲文明等，都应组织人员学习研究，以便同中国古代文明进行比较。三方面是对一些考古学比较发达、理论研究比较活跃的国家，要派人去学习，参加他们的田野调查发掘和室内研究工作，以便提高考古的现代化水平。为了实现这一规划，有必要设立专项的国家基金；要加速人才的培养，要有一大批既懂得中国考古又懂得外国考古的学者；要加强文物考古部门的改革开放，扩大与外国同行的合作。我相信正在走向 21 世纪的中国考古学今后的发展方向，将不但是自己的理论、方法更加完善和研究课题更加广泛而深入，也将会越来越走向世界。我们这次除了邀请全国各地的著名考古学家，还特地邀请许多外国的著名学者来参加会议，讨论迎接 21 世纪的中国考古学，中心意思也就在这里。让我们携起手来，为进一步发展中国考古学而共同努力。

（1993 年 5 月 28 日在北京大学考古系主办的迎接 21 世纪的中国考古学国际学术研讨会上的主题发言）

三　考古地层学

考古遗址发掘中的地层学研究

前　言

在田野考古工作中，遗址的发掘是一个十分重要的环节，发掘工作是不是做得好并不单纯是一个技术问题，而首先是一个方法论的问题，这个方法论的核心，就是对于地层学的研究。考古工作者不但要熟知地层学的基本原理，还要根据遗址的具体情况来灵活运用，同时要在广泛实践的基础上不断总结经验，不断地改进发掘方法，使我们的考古工作水平逐步地得到提高。

要发掘遗址，首先就要了解遗址，而古代人们留下的遗址是各种各样的。在旧石器时代，人类常常住在山洞，形成洞穴遗址；到新石器时代，才有各种类型的村落；从阶级社会开始，就有城市和乡村的对立，还有军事工程、水利设施、矿坑和宗教遗迹等；在城市中又有宫殿、苑囿、寺庙、市场、街坊和各种手工业作坊。对于不同类型的遗址，具体发掘方法虽略有不同，但基本原理都是一样的。在这里，我们准备着重讨论农业村落遗址和城市遗址的发掘。因为这两类遗址在我国考古工作中是最经常遇到的，从某种意义上讲也是最重要的。

遗址同墓葬相比，能够更全面、更直接、也更生动地反映当时的社会生活；但是就完好程度来说通常不如墓葬。墓葬是人们有意识地埋在地下的，除腐烂和被盗外，它本身是一个完整单位；而建筑遗址就大不相同，不可能在地下发现一座完整的房屋建筑，平常所说某座房子保存完好等等，实际只是有一个完整的地基，顶多还有一些倒塌下来的堆积，遗址中的器物也很破碎，其中绝大多数都是陆续被扔掉的废品。遗址中的地层关系，通常也比墓地复杂得多，因此遗址的发掘既是非常重要的，又是相当困难的，往往要做大量的复原工作。

遗址发掘的目的，在于比田野调查更深刻、更详细地了解遗址面貌，获得复原古迹的第一手资料，以便为室内整理和进一步的研究打下坚实的基础。每一个从事发掘的同志，都要有强烈的责任心和严肃认真的科学态度，因为考古发掘同别的科学实验不同，挖掉一个就少了一个，不能拿遗址做实验，如果发掘工作做得不好，不但是人力物力的浪费，而且直接破坏了遗址，造成不可弥补的损失，这一点是必须力求避免的。

一　发掘前的准备

正式发掘之前，有两项准备工作是必须完成的。一是制定发掘计划，二是组成发掘队和提供必要的物资装备。

古代的居民点和其他活动场所，有很多因为长年的自然侵蚀或人们无意识的破坏，已不复存在了；尽管如此，现在还留下残迹的遗址数目仍然相当巨大，往往在一个省就数以千计。全部发掘这些遗址是不可能的，也不一定是必要的。科学的发掘好比解剖麻雀，同样的麻雀，解剖一两个就行了，其余的可以类推，对于遗址，应当按照时代、地区和它们本身的性质，分门别类，选择具有重要历史价值和科学价值的，或者保存较好而且有代表性的，加以保护，然后根据学术研究的需要和工交建设、农田水利工程进展的情况，分别轻重缓急，有计划有步骤有重点地进行发掘。这样做，可以使战线不至拉得过长，避免盲目性和被动局面，能够较快地取得成果，解决一些最迫切需要解决的问题。

不但选择遗址要有计划，具体到一个遗址的发掘，也要有一个可行的规划，有些较大的遗址，常常有许多单位的人员参加发掘，而且要持续进行许多年，统一的规划尤为必要。

为了做好规划，事前应当对遗址进行详细的勘查，包括地形和环境的考察，暴露遗迹和遗物的考察等等，以便对遗址的文化性质、分布范围和中心区的位置等做出切合实际的估量。为了初步掌握文化层的情况，应当尽量利用现有剖面，如地坡和沟渠的两壁等，如果没有这些条件，可以进行适当的钻探。除实地踏查外，最好有一份 1/2000 或 1/5000 的地形图。如果没有现成的地形图，应当组织力量进行测绘。在地形图上，往往能反映出遗址的大致范围，以及遗址同重要遗迹的分布状况，可以作为进一步勘查的参考。

在一个较大的遗址范围内，往往有许多遗迹，其中有一些在地形图上即有明显地反映，有些则需要进一步的了解。经验证明，新石器时代的农业村落往往分为居住区、窖穴区、垃圾区、墓葬区等。有的另有儿童瓮棺葬区，有的还有烧制陶器的窑场。而居住区的房屋分布也有一定规律，或是围成一圈，或是分成几群。这些情况，如能事先有所了解，发掘起来就主动多了。

中国古代的城市，常常有一定的区划。先秦古籍《考工记》讲："匠人营国，方九里，旁三门，国中九经九纬，经涂九轨，左祖右社，面朝后市。"这里可能包含过分理想化的成分，后来封建社会的城市也还有一个发展的过程，但有一定的规划和制度，则是我国城市建设的传统。有些城市在历史上有比较详细的记载，有些还留下了当时的地图（如宋平江府等），这些都可作为制定发掘计划的重要参考资料。

为了进一步掌握遗迹分布和地层的情况，应当尽量利用现成剖面。人们为了在遗址上造地和开挖水渠，往往于无意中制造了地层的剖面；有时自然的冲沟分割了遗址，也可形成良好的剖面。从这些剖面可以了解遗址的堆积状况及其性质，有些保存很好的遗址没有现成剖面，可以适当地进行钻探，甚至还可以开几条探沟，尽量多掌握一些情况，做到心中有数。

当对整个遗址进行初步了解以后，就应当着重研究首先发掘的具体地段。这一点十分重要，否则挖了许多，还不能对整个遗址的性质和学术价值做出确切的估计，从而难以制订进一步的发掘计划，工作上往往陷于被动的局面。而要争取主动，就要选择最能代表遗址性质的关键地段首先动土。

那么，就通常情况而言，什么是最重要的关键地区呢？过去有些人认为，堆积越厚，层次越多，遗物越丰富的，就越是重要的关键地区，其实不然，经验证明，遗址边缘往往灰层较厚，遗物较多，而重要宫殿或居住区是很少甚至没有灰层的。层次越多，相互打破现象也比较严重；层次越单纯，遗迹才保存得越好，发掘起来也比较容易。

当然，在作具体规划时，还要考虑到人力、物力和时间各方面的条件。假如暂时没有那么大的力量，就最好不要一下子挖开最重要的地段，省得打开摊子收不了场。

发掘地区确定之后，就要设立测量基点。这个基点可以利用遗址旁边的永久性标志，如果没有这种标志，最好立水泥桩，刻上标志，并同大地测量的标志点取得联系，这样就能正确地标示发掘区域的位置和高程。一个需要继续多年发掘的遗址，特别要注意树立永久性的测量基点，只有这样才能够把历年的工作衔接起来。

比较大的遗址，有时要划分若干工区。例如1958～1959年陕西华县的发掘划分了四个工区，江陵纪南城划分了许多考古大方（实际上也是一种工区）等等。这对于发掘力量的组织，乃至发掘以后资料、档案的整理与保存都有好处。

一次规模较大的发掘，乃是许多人参加的集体行动，要使工作进行得好，就得配备必要的专业人员，并且要有一定的组织和分工。工地应有一个总负责人，他要负责拟订和调整发掘计划，在发掘过程中给探方和各种遗迹统一编号，及时收集各探方发掘的情况进行分析，决定各方的发掘进度和人力调配，绘制工地指挥图和编写工作日志等。其他人员包括以下几个方面：

（1）具有田野发掘能力和经验的业务人员若干，每人负责若干探方的实际发掘和记录工作；

（2）具有发掘经验的技术工人若干，他们有比较熟练的操作技能，可以担当一些难度较大的遗迹、遗物的清理工作；

（3）库房管理一至二人，负责出土遗物的出纳、登记和保管工作。人们有时忽视工地的库房管理，其实这是一项十分重要的工作。因为在发掘期间大家的注意力主要集中在分析地层和清理遗迹等项工作上，对遗物还来不及整理分析，只是按一定要求采集。如果没有专人负责管理并有严格的出纳制度，就难免不会弄乱，给今后的整理造成很大困难。

此外视工作的需要还应有测绘人员、器物修复人员等。发掘工人也绝不是消极的参加者，要向他们讲清楚考古发掘的意义，并逐步教给他们一些基本的操作技能。大家为了一个共同的目标组织起来，又各司其职，整个发掘工作才能顺利地进行。

田野发掘的物资准备包括以下几个方面：

（1）发掘和钻探工具：小铲、抓钩、小十字镐、平锹、竹签、棕刷、扫帚、木橛、小线、探铲和运土工具等。小铲是最主要的工具，一般每人配备一把尖头铲（桃形或三角形）和一把平头铲。近年来有些地方将两种小铲的功能合而为一，做成一种起脊的梯形铲，也很合用。平锹是为切边和铲平地面用的，要求平整锋利，一般农用的铁锹不大好用。探铲俗名曰洛阳铲，很好用，但要尽量控制使用，切忌在工地到处打眼。

（2）采集和包装标本的用具：蒲包（或麻袋、尼龙口袋等）、麻纸、棉花、木箱、纸盒、玻璃试管等。

（3）测绘仪器：平板仪、袖珍经纬仪、水平尺、垂球、皮尺、测绳、钢卷尺、绘图铅笔、三角板、比例尺、云形板等。

（4）照相器材：除一般相机外，还要配备广角镜头和滤色镜片，要有一套闪光灯装置，工地如有条件应设简易暗房。

（5）记录资料：遗址发掘记录本、墓葬发掘记录本、小件器物登记本、标签本、工作日记本、照相登记本和各种规格的米格纸等。

装备应本着适用和节约的原则，不断地改进和更新，并应积极地引用现代科技成果。

二　探沟和探方

在田野发掘的早期阶段，究竟用什么方法来揭露遗址，并没有形成统一的制度。比较普遍的办法，是开挖几条探沟或几个探井。如果碰上了遗迹就顺藤摸瓜，把整个遗迹发掘出来；如果探沟正好打在遗迹的空隙里，就免不了要发生遗漏，这可说是一种碰运气的做法，常常依靠偶然的机缘而无法对遗址进行全面的揭露。有些发掘虽然是全面揭露，但是没有严格的坐标，并往往采取轮番发掘的办法，发掘一片，跟着就回填一片，如此往复进行，也不留下隔梁和关键柱，不便于统一核对地层，也不便于对大型建筑遗迹进行整体观察和照相。

新中国成立前的发掘，同样有一些不大科学的地方。那时不论遗址大小，也不论是试掘还是大规模发掘，绝大多数都用探沟。甚至像安阳殷墟那样大型的宫殿群遗址，也还是采取隔一定距离（一般为一米）开一条探沟的方法，始终没有进行全面揭露。那时的探沟大小也没有一定之规，一般都比较狭窄，有的只有一米宽，有的是一米半宽。个别地点的发掘虽然划分了方格网，但是很小，仅为2米见方，既不留隔梁，又不画剖面，山西夏县西阴村遗址的发掘就是那样办的，它同我们现在的探方制度并不相同。

我们现在所采用的以探方为主，探沟为辅的制度，是新中国成立以后逐步建立起来的。这一制度是严格地按坐标划分遗址，既便于全面控制地层，又便于从整体观察遗址，分析遗迹和遗物纵的和横的联系。

所谓探方，就是把遗址划分为若干正方形的块块，以便按照这些块块进行发掘。探方的大小应当视遗址的性质而定。在这方面，我们曾经走过一段摸索的路程。1955年发掘湖北京山屈家岭遗址时，用的是2米见方的小方；1955～1957年陕西西安半坡的发掘，主要用的是5米见方的探方；1956～1957年河南陕县庙底沟的发掘，采用了4米见方的探方；1958～1959年陕西华县柳子镇的发掘，用的是10米见方的大方；1962年安阳纱厂的发掘，用的是5米×4米的探方；1975年江陵纪南城30号台基的发掘，是在10米见方的大方中再分为甲乙丙丁四个小方。现在看来，根据我国绝大多数遗址的情况和多年的实践经验，以5米见方和10米见方较为适宜。太大了不宜控制地层，太小了会把可能遇到的建筑遗迹分割得过分破碎，不便观察各方面的联系，而且也不便于施工。具体到一个遗址究竟采用多大的探方，要依它本身的情况和对遗址的了解程度而定。如果地层较厚、较复杂，或者遗迹的规模较小，如新石器时代的村落遗址，最好采用5米见方的探方。如果地层比较单纯，遗迹的规模较大，如唐长安大明宫的发掘、元大都的发掘，以及陕西周原凤雏西周宫室基址的发掘，都是用10米见方的大方，效果较好。

为了便于控制地层，探方之间要留隔梁。以往有一种办法，是把每一探方的四周都留半米或20厘米宽，与邻方的合起来就有一米或40厘米宽。这样做在量坐标和测绘遗迹图等方面都较麻烦，现在一般已不采用。通常的做法是留在每一探方的东边和北边，宽度以一米为宜，太窄了易崩塌，太宽了占面积太大，影响对遗迹和地层的观察。当然，为了出土方便，例如为了便于用小推车在隔梁上行走，少数隔梁还可适当放宽，但以不超过一米半为好。

当绝大多数探方均已作到底，或做到了重要遗迹不宜再往下挖时，即可打掉隔梁，但是还要留下纵横隔梁相交处的关键柱。关键柱的作用，是为了最后一次核对地层，检查完毕，并把地层图绘完后，即可打掉。个别地点为了长期供人观察地层堆积，少数关键柱也可长期留下（图一）。例如半坡遗址已建成遗址博物馆，中间还留有少量的关键柱。

2	1	2	1	2	1
3	2	3	2	3	2
2	1	2	1	2	1
3	2	3	2	3	2

图一　探方、隔梁和关键柱
1. 关键柱　2. 隔梁　3. 首先发掘部分

探方的方向，以正磁北为宜，这样有利于遗迹的测绘。在特殊情况下，也可根据地形和遗迹的走向确定方向。

探方的编号有两种方法，一种是坐标法，一种是序数法。坐标法通常把零点定在发掘区的西南角，因此只有一个象限；有的遗址较大，也可把零点定在正中，划分为四个象限。具体把零点设在何处，要依遗址的布局，经过仔细考虑而定。这种方法的好处是探方号本身即能标出它所在的位置，也就是只要设下零点，每一个地点都有了自己的探方号，以后任何遗迹、遗物的发现，都极便于记录（图二）。序数法自一号起顺次往下编，在试掘或小规模发掘时最方便，大规模发掘也可采用，但要注意按一定次序排号（图三）。这样做，当然需要对遗址情况有较深的了解，否则布了方的地方没有遗迹，而没有布方的地方又出现遗迹，势必出现许多空号，中途还要增加方号，致使号次排列紊乱。应当注意的是，方号一经确定就不宜改动，

A4	B4	C4	D4	E4	F4
A3	B3	C3	D3	E3	F3
A2	B2	C2	D2	E2	F2
A1	B1	C1	D1	E1	F1

图二　探方编号方法之一：坐标法

T1	T2	T3	T4	T5
T6	T7	T8	T9	T10
T11	T12	T13	T14	T15
T16	T17	T18	T19	T20

图三　探方编号方法之二：序数法

否则记录、器物标签等都要作相应的更改，造成不必要的麻烦。

实际发掘时开方要尽量集中，不要东挖一块，西掏一坑；探方的规格也要力求一致，不要大的大小的小。

有些文化层特别厚，地层关系特别复杂而遗迹保存不好的遗址，用探方发掘反而不便，就可以用探沟进行发掘。有些遗址在大面积发掘之前，为了进一步掌握情况，也可用探沟进行试掘。甚至在既经划定的探方内，也可以先开探沟，然后再扩大为探方。探沟的宽度以 2 米为宜，太窄不便于操作，太宽即无异于开探方，失去了探沟最易控制地层的优越性。探沟的长度应依实际情况而定，以 5 米至 10 米为宜，超过 10 米，最好留下隔梁，另开探沟。探沟的编号用序数法。

三　地层的划分

遗址发掘，最紧要的事情是要分清地层，自始至终都要贯穿地层学的研究，否则把不同时期的现象搅在一起，无法对遗址进行历史的考察，失去了进一步研究的科学基础。

考古学划分地层的方法，最初是受到地质学的启发，逐步发展起来的。尽管如此，考古学研究的地层，同地质学研究的地层并不相同。因为前者是人类活动造成的，而后者是自然力量形成的。自然力量除在地上发生堆积和侵蚀作用外，地球内部的活动对于地层也造成很大影响，因此出现断层、褶皱、向斜、背斜、不整合等现象，考古学上没有这些东西。人类的活动都必须以地面为基础。除一般的堆积外，还因为修建动土而形成各种复杂的打破关系。在田野考古学发展的早期阶段，常常有一些地质学家兼做考古发掘。他们不懂得自然地层同人工地层的本质区别，往往拿地质学划分地层的方法来生搬硬套，自然造成许多错误。在20世纪20年代初，瑞典地质学家安特生，在被聘为北洋政府的矿业顾问时期内，曾在我国许多地方进行考古发掘。在发掘方法上，既没有任何规划，也没有严密的探沟和探方制度，更不懂得考古学地层（文化层）和地质学地层（自然层）的本质区别，根本不知道什么是打破关系，因而把许多时期的东西混在一起，认为都是属于同一地层同一时期的，造成了许多人为的混乱。

毛泽东同志说："科学研究的区分，就是根据科学对象所具有的特殊的矛盾。因此，对某一现象的领域所特有的某一种矛盾的研究，就构成某一门科学的对象"（《毛泽东选集》第284页）。考古发掘中的地层学研究，就是探讨由于人类活动所造成的叠压和被叠压、打破与被打破等特殊矛盾，研究这些矛盾的各种表现形式，这同地质学中的地层学是很不同的。

为了说明地层学中的特殊矛盾，首先要了解什么是文化层，以及文化层形成的一般规律。

究竟什么是文化层呢？广义地说，凡属经过人类活动所造成的地层，都可以叫作文化层。比如经过人工挖过，翻耕过，回填、夯筑或用其他方式加工过的土，都应当算为文化土，或者称为熟土、活土；日常生活中抛弃的垃圾和其他废弃物资的堆积，建筑物毁坏以后形成的堆积等，都应当称为文化堆积；而由文化土、文化堆积所形成的地层就叫作文化层。当然，在文化层的形成过程中，也免不了夹杂一部分自然力的作用，如日晒雨淋，刮风扬尘，植物的生长与腐烂，以及野生动物的活动等等，但是主要的起决定作用的是人类的活动。没有人类活动的单纯自然形成的土，应当称为生土、死土或老土。由这种土形成的地层就是自然层。

有时候，文化层和自然层发生多次交叠现象。一个时期在某个地方住了人，形成了文化层；后来当地居民迁走了，在相当长时期内发生了自然的堆积；以后上面又住了人，又形成文化层，如此往复进行多次。旧石器时代的遗址，这种情况是常见的，著名的北京猿人产地周口店第一地点，可以划分十三层之多。实际上只有第四、八、九层为文化层，第十层底部有点灰烬，其他都是自然堆积。新石器时代的遗址，比如河南登丰双庙沟，就是由文化层与自然形成的上水石层交替叠压，往复达四次之多。再如湖南石门皂市，在早商文化层下为生土，即自然层，只是因为探工打探铲偶然在更深的地层中提出了陶片，才发现生土层下还有一个新石器时代早期的文化层。但这种情况毕竟是很少的。从新石器时代以后，绝大多数情况是文化层与文化层互相叠压，自然作用尽管也有影响，但因为时间不长很少形成必须加以区别的地层。

假如两个或两个以上的文化层发生了重叠现象，不论中间是否夹杂自然层，都应叫作叠压关系。很明显，在叠压关系中，只能是晚期地层叠压在早期地层之上。这是一个重要的原则，根据这一原则，就能够利用叠压关系确定一系列地层及其相关的遗迹遗物的相对年代。新中国成立后，我国新石器时代和商周时代的分期工作取得了很大的进展，其中一个重要原因，就是在大规模的田野发掘工作中，发现了许许多多的地层叠压关系，从而提供了划分相对年代的可靠根据。例如河南淅川下王岗遗址，下面两层是早期和中期仰韶文化，中间一层是屈家岭文化，较上两层是早期和晚期"龙山文化"，再上是先商文化，最上一层是西周文化，七个依次叠压的地层，代表了七个相继发展的文化时期（图四）。现在被认为是夏代或商代早期的二里头文化之所以能划分为四期或五期，郑州二里岗的商代前期文化之所以分为两期，也都是因为有明确的地层叠压关系作为依据。

假如人们在已成废墟的遗址上重建居民点，在那里盖房子、挖窖、打

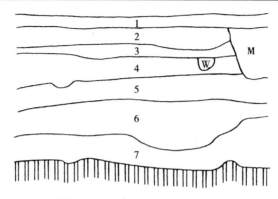

图四　下王岗 T11 北壁部分剖面

1. 耕土　M. 汉墓　2. 西周文化层　3. 先商文化层　W. 瓮棺葬　4. "河南龙山"文化层
5. 屈家岭文化层　6、7. 仰韶文化层（据《文物》1972 年 10 期 15 页插图改绘）

井、筑围墙、开挖排水沟等等，必定要破坏原有的文化层，有时还要破坏原有的遗迹，从而发生打破关系。很明显，在打破关系中，只能是晚期的遗迹打破早先的文化层，或者打破早先的遗迹，这是又一个重要的原则。根据这一原则，就能像利用叠压关系一样，利用打破关系来确定一系列地层和遗迹的相对年代。比如仰韶文化的半坡类型和庙底沟类型的关系，曾经是长期争论的问题，其实 1955～1956 年西安半坡的发掘，1960 年河南洛阳王湾的发掘和 1962 年陕西彬县下孟村的发掘，都曾发现庙底沟类型的灰坑或瓮棺葬打破半坡类型的地层或房屋遗迹的地层关系。由此可以断定半坡类型是早于庙底沟类型的。又如在新中国成立初期，曾经在西安客省庄发现过一座西周墓葬打破一个客省庄文化的灰坑，后者又打破一个仰韶文化的灰坑。从而证明了在那个地方的仰韶文化早于客省庄文化，而客省庄文化又早于西周文化（图五）。

在实际工作中，常常是叠压关系和打破关系交织在一起，形成很复杂的地层关系。例如河南洛阳王湾，每个探方挖下去都会碰到十几个地层和很多灰坑、房屋、墓葬的叠压与打破，因而可以进行很细致的分期。最下层的仰韶文化可以分为五期。它上面的龙山时代遗存可分为三期，再往上依次是西周、春秋、战国、西晋和北朝的堆积，除西晋外，其余四个时代的堆积本身又还可以分期（图六）。像这样复杂的地层关系，无异是从新石器时代直到北朝时期历时几千年的一个年表，对于建立我国中原地区的考

2

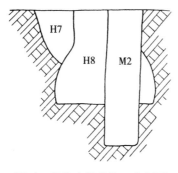

图五　客省庄村北的一个剖面

1. 耕土　2. 西周文化层　M2. 西周墓葬　H8. 客省庄文化灰坑　H7. 仰韶文化灰坑（据《考古通讯》1956 年 2 期 32 页插图改绘）

古学的年代序列提供了最好的科学证据。

　　需要说明的是，考古学上的地层关系，仅仅表明有关的地层或遗迹形成的时间序列，说明哪个早些，哪个其次，哪个晚些。至于究竟早多少年，晚多少年，单靠地层是无法解决的。甲层叠压乙层，或者某甲打破某乙，甲乙之间也许只隔几年甚至几天，也许相隔几十年、几百年以至几千年，但是甲比乙晚这一点是可以确定的。

　　同样的道理，每一个文化层或遗迹本身的年代长短，单靠地层也是不能确定的。一个地层就代表一个文化时期的情况总是比较少的，大多数情况是同一文化期会形成许多地层。1974 年发掘湖北黄陂盘龙城遗址时曾经划分为六层。其中第 4 层又分为四个小层，它们同第 5、6 层一起都是属于商代二里岗上层时期的。1956～1957 年发掘的河南陕县庙底沟遗址，有非常复杂的打破关系。其中有一组灰坑依次连续发生了七次打破关系，而这些灰坑都是属于仰韶文化庙底沟期的，只不过它们相互间有早晚而已。

　　在发掘过程中，自始至终都要研究地层关系，当按照既定的探方揭去表土后，即应将四边切直，地面铲平，看看土质土色有什么变化。如有变化，即应在四壁和平面上找出分界线，看看是否有遗迹现象，或者是不同

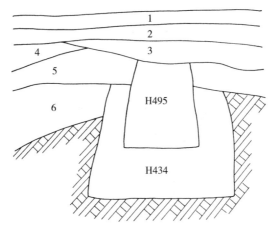

图六　王湾的一个地层剖面

1. 耕土　2. 北朝层　3. 西周层　4. "河南龙山"晚期地层　H495. "河南龙山"晚期灰坑
5. "河南龙山"早期地层　H434. 仰韶文化晚期灰坑　6. 仰韶文化中期地层（据《考古》1961年4期175页插图改绘）

地层的分界。地层本身是立体的，而我们能够观察到的只有五个剖面，即探方周围的四个纵剖面和探方底部的一个横剖面。因此，一定要把纵剖面和横剖面，这一纵剖面和那一纵剖面结合起来观察，才会有立体的感觉，才会明了遗迹或地层的走向。

如果在平面上看出有两种或两种以上的土，界线明确，那么它们可能是属于不同地层的土，也可能是一种遗迹现象，还可能是在同一地层中局部的土质土色变化。

假如是属于第一种情况，它们的分界线往往不很规则，而且必定会延伸到探方边上，并在剖面上反映出来。如果刚刚露头，可以在紧靠探方边的地方稍稍下掘几厘米，这时在剖面上就会清楚地出现一个倾斜度很大的交界线，一看就可以断定是哪一块土压着哪一块土。

假如是属于第二种情况，它们的分界线通常比较整齐，也比较明晰。这时不必急于从剖面上了解情况，而是要在平面上进行追踪，找出一条封闭线，遗迹的形状就清楚了。如果遗迹很大，要同邻近的探方联系起来进行观察，才会看得清楚。

假如是属于第三种情况，平面上往往会出现一个不甚规则的封闭曲线。但一个不甚规则的封闭曲线并不一定就是无意义的局部的土质土色变化。

这时可在交界线上进行试验性的解剖，如果曲线的土很快向里收缩，那多半就是属于第三种情况。如果交界线倾斜度不大的向下延伸，仅仅稍稍向里收缩，那多半是一个不规则形的灰坑。如果曲线内的土反而很快地向外扩大，那就可能是刚刚露头的下一个地层了。

分析上述情况，是为了及时地判断地层和遗迹形成的先后关系，做到心中有数，以便有条不紊地逐层下掘，不至因为作过了头或做反了关系而造成混乱。如果不及时铲平地面，划清土层分界线，并且将平面和剖面结合起来，或者将这一探方和那一探方的情况联系起来进行分析，做出必要的判断，而是一个劲地向下挖，尽管在隔梁的剖面上画出了清楚的地层和遗迹分界线，也已为时过晚。那时遗迹被做坏了，遗物被混在一起了，按照叠压关系和打破关系确定相对年代的依据也就不存在了。所以，认真的考古工作者总是不断地、及时地铲平地面和剖面，观察地层的变化，做到随时对探方内的地层变化心中有数。

划分地层，主要是根据土质土色的变化，而确定每一地层的大致年代则要看其中包含的遗物。在发掘期间，关于地层的年代和文化性质不必深究，而根据土质土色的变化划分的地层线是必须力求准确的。问题在于，同一层位的土质土色并不是绝对不变化的，而不同层位的土质土色也不见得有一望即知的不同。这是因为在同一时期往往可以形成许多不同的堆积，诸如灰烬、垃圾、碎砖烂瓦、腐草等等。人们丢弃这些东西，不会去有意识地掺和均匀。所以在一个很短时期内的堆积，就会有各种不同的土质和土色。而在不同时期，人们照样会抛弃灰烬和垃圾等。在这种情况下，究竟怎样能够根据土质土色的不同来正确地划分不同时期的地层呢？

事实上，绝大多数地层，不论它的厚薄是如何的不同，本身形成的时间并不很长，有的甚至是一下子就堆成的。比如房屋倒塌的堆积就是如此。一个地层基本形成之后，往往有一个较长的稳定时期，这或者是因为居民点暂时迁移了，只有自然的堆积和侵蚀在极其缓慢地起作用，或者是再次兴起了建筑，或者在废墟上重辟街道和广场，这些地面在相当长时期内都不会有多少堆积。若干年后，房屋再次倒塌或拆毁，或者又成为垃圾堆，又会很快地形成一个新的地层。在这两个地层交界的地方，不是路土，就是自然形成的很薄的一层土，这个分界既然是客观存在的，因此是可能划分清楚的。

在实际工作中，确实存在着有的地层线非常明显，有的地方就不那么明显。还有些地方在同一层位中有许多的小薄层，界线也非常明显，但它们仅仅是局部范围的，如果都单独划分为一层就不胜其烦，也未必有多大意义。因此，在划分地层时一定要从全局着眼，排除那些看来是非常明显的，但并非本质的现象，全力找出虽不明显但在整个地层的连接上具有重要意义的关键分界线。

每出现一个新的地层，都要从上至下地给予序号，以便及时地按照层次采集和登记遗物。在编地层号时，最好从整个遗址通盘考虑，而不要每个探方自编一套。假定一个遗址曾经三次住过人，形成了三个地层，三次的住地不会那么凑巧地完全重合。因而有的地方是三层，有的地方是两层，有的地方只有一层。假定最早的居民点在外围，那里就只有第三层，要是每个探方自行编号，就会编为第一层，这对于把各探方的地层进行相互对比是不利的。倘若探方相距较远，地层不相衔接，则不必强求统一，否则反而造成混乱。

在继续发掘时，要坚持自上而下分层动土的原则，就一个探方而言，只有把上一层做完之后，才可做下一层，要依地层本身的深浅进行清理，而不要按照同一水平深度下挖。就整个发掘区而言，则要力求使探方的进度取得一致，以便观察同一时期的地形，研究那时各个房屋和其他遗迹之间的相互联系。整个工地要协同动作，而不要各行其是，不要在大多数探方挖到第1、2层时，个别探方孤军深入，一下子就挖到第5、6层。

在我们的工作中，有些同志往往把包含不同时代遗物的地层称为扰乱层，这是一种未经深思熟虑的提法。事实上，凡属有几个地层的遗址，较晚的地层中总是或多或少地混杂较早地层中的遗物。因为人们既然在早先的废墟上重建家屋，总要动土，这就免不了要破坏早期的文化层，而形成新的文化层。此时动过的土，哪怕原先全是下一层的文化土，里面包含的遗物也几乎全是早期的，还是应当算作晚期文化层的一部分，而不宜算为扰乱层，更不应当作早期文化层。

有些山坡边上的遗址，或是丘岗上遗址的边缘，因为塌坡或水流的侵蚀，形成一种次生堆积。有时这种堆积也可分层，但是由于原先是上部的较晚的地层首先塌下，下部较早地层的堆积反而盖在原先是较晚堆积的上头，如果只看遗物似乎是一种倒转的地层。实际上，这种地层应当算是一种自然层，它的年代应当以塌陷的时间为准，仍然是下面的早于上面的。在华南丘陵地带，这一类情况比较常见，发掘时应当留心，不要把次生地层误作原生地层。

发掘任何遗址，既经开方动土，就要把工作做完，不要中途而废。不要看这个探方不丰富，就半途抛弃又去挖另一个探方。一个遗址是一个整体，总有一些遗迹遗物比较集中的地方，也总有一些院子、场地等遗迹遗物稀少的地方，都要通过发掘把它们弄清楚。一定要树立全面的观点，要耐心地做平凡的有时是很单调的工作。又要善于做关系纷繁复杂，需要十分细致小心的工作，整个发掘工作才能取得圆满的结果。

当一层一层地发掘下去时，如果没有十分重要的遗迹现象，应当一直挖到生土为止。倘若出现了重要遗迹，即使它的下面还有更早的文化层，也应加以保护，不要再往下挖了。某些国家的考古界有一种提法，说什么考古学家的责任就是要挖到生土为止，并把它作为田野考古发掘工作必须遵守的信条，这显然是片面的，缺乏分析的，等于号召人们向生土进军，模糊了田野发掘的目的和任务。

四　遗迹的清理

在田野发掘工作中，遗迹的清理是一项非常重要而细致的工作。当发现遗迹后，第一件要做的事就是找清楚它的地层关系。如果存在着叠压和打破关系，重点要了解压着它的各地层中，最早的是哪一层；打破它的各遗迹中，最早的是哪一个；而被它所打破的地层或遗迹中，则要看最晚的是哪一个，只有这样才能将该遗迹的相对年代限制在最小的范围。

在谈到遗迹的地层关系时，有一种似是而非的说法，就是那个房子属于某一层，或者说那是某一层的房子，或者换一种说法，那个窖穴开口在某一层等等。这是不可能的，遗迹不能属于某一层，也不能在某一层中开口，它只能被某一层压着，同时又打破某一层或某一遗迹。有人争辩说，西周的房子不属于西周层，又属于哪一层呢？提出这样的问题，说明他没有真正了解地层、遗迹和文化期的关系。

在地层学研究中，一个地层就是一个最小的共存单位，在这个单位中的全部堆积和出土遗物之间的关系称为共存关系。同样，一个遗迹也是一个单位，遗迹本身及其所包含的堆积物与遗物也是一种共存关系。在单位与单位之间可以没有直接关系，如果发生关系，无非表现为叠压关系或打破关系，而不可能有共存关系。因此一个单位既不可能包含另一单位，也不可能属于另一单位。

至于文化期，那是一个比较大的时间概念。在一个文化期内，可以有许多地层和遗迹，发生许多叠压和打破关系，并不是一个文化期就只有一个地层。所以西周的房子并不见得就一定属于某个西周层，它可以比那一个层早，也可以比那个层晚，只是他们的年代都不越出西周的范围。

在搞清楚遗迹的地层关系的同时，应当找清楚整个遗迹的范围，初步确定它的性质，看看究竟是房屋，还是窑址、灰坑或墓葬，并及时给予编号。

凡属有两个或两个以上的遗迹发生打破关系，一定要先做晚的，再做早的，不能倒过来，也不能同时清理，这是一个重要的原则，它同发掘地层时必须先挖上层再挖下层是一个道理。要坚持自上而下一层一层地揭，由晚而早一个单位一个单位地清理，才不至于搞乱。

在特殊情况下，比如晚期的遗迹很窄很深，而被打破的早期遗迹较浅，按上述原则挖很困难。那就不妨先把晚期遗迹清理到低于早期遗迹的部位，照相、画图并做好记录，再作早期遗迹，使上部稍稍开阔，最后才完成晚期遗迹尚未清理完毕的工作。

有时候会碰到一种情况，从上部看来两个遗迹是分离的，实际上它们是一种口小底大的袋形窖穴，或口小底大的墓葬，或者是洞室墓等等，在下面发生了打破关系。当开始发现口部时，自然难以预测下面的情况。为了防止把关系作反，在清理时应特别注意，看看是否都能脱边，如果发现有那一块地方无法脱边，而坑外的土仍是熟土时，就要暂时停工，看看那边有没有遗迹。如果那边确有一种口小底大的遗迹，应当把它做下去，弄清楚打破关系，知道了谁早谁晚，再决定先把哪一个做完。

在清理任何遗迹时，一定要注意它本身的地层关系，研究它本身形成和废弃的过程。因此在清理时要留下剖面，不要一下子整个地挖下去。大型的房屋，占据好多探方的面积，探方的隔梁本身就提供了很好的剖面。较小的房屋，应留纵横两个剖面，一般灰坑留一个剖面就可以了。因此在挖小型房屋或灰坑时，应先作二分之一或四分之一，留出剖面，绘好图再作其余部分。或者在中间留隔梁，由上而下地分层清理。有的遗迹很狭小又很深，清理时无法留剖面，也可以整个清理下去，到一定深度土质土色发生变化时，进行测绘，制出剖面图，如此一层一层地做下去。

下面把一些最常见的遗迹的情况和做法做一简单的说明：

（1）灰坑

灰坑是田野考古发掘中常用的术语，用来指一切窖穴和虽由人工挖成但不知道其确切用途的坑穴。

灰坑的形状大体上有以下几种：

第一种是口小底大的，一般口、底都是圆形，底部平坦，正如一个圆锥台，又好像一个口袋，故称为袋形灰坑。其中有的有阶梯盘旋而下，有的底部和周壁抹泥，经过拍打，有的底部和周壁抹白灰面。绝大部分可能是窖穴，有些特别大的或者是一种特殊的房子。

第二种也是圆形的，周壁直立，底部有的平坦，有的略向下凹。周壁往往有挖掘时留下的工具痕迹。

第三种口部略呈圆形或椭圆形，不那么规整，四壁内收呈锅底形，建造很不讲究。

第四种为长方形竖穴，有的有上下的脚窝，新石器时代早期的磁山文化和商代遗址中有一些，其他时代少见。

不论灰坑的用途如何，做成以后，总要用一个时期，这时它周围的地面是稳定的。大多数情况应当有路土。只有在灰坑废弃后，它里面才会逐步为垃圾和其他文化土所填没。因此，被灰坑打破的地层同叠压在它上面的地层会有一个比较清楚的界面。至于灰坑中的堆积同压在灰坑上的地层，则可以有清楚的界面，也可以没有。如果灰坑废弃后很快被后期堆积所填没，并继续不断地堆积，那就不会有清楚的界面，灰坑中的堆积就可以同上面的地层算作一层。如果灰坑填没后的地面继续保持稳定，或堆积后又被平地去掉，那么灰坑中的堆积就会同上面的地层断然分明，应当作为两个单位来处理。

有些曾作为窖穴的灰坑，底部留有原来放置的器物或粮食等，是断定灰坑时代和用途的直接证据，一定要与灰坑废弃以后的堆积分开。有些较大的灰坑，它的堆积往往不是一下子形成，而是经过较长时期，分几次形成的，因此需要分层，每一层应作为一个单位对待。为了分层，应当先作一半，再作另一半，或者在中间留隔梁，总之不要一下子全面挖下去。

灰坑的口部很容易被后期破坏，因此计算灰坑原来的深度，应以保留坑外地面的为准，其他的只能说是现存的实际深度，而不是原来的深度。

（2）房屋

在清理房屋的时候，要十分注意地层关系，一方面要注意同其他地层或遗迹的叠压与打破关系，一方面又要注意它本身的地层关系。根据房子同其他地层或遗迹的关系，可以确定它的相对年代。这一点是大家容易理解的，也必定会注意到的。至于房子本身的地层关系，可以解决它的建筑工序、修补、增建、使用和废弃的年限问题则是容易被忽视的。这里打算着重谈一谈，以便今后把房屋的发掘工作做得更好些。

盖房子时总是要动土的，半地穴式的房子，挖出来的土往往填在房屋四围；平地起建的房屋，会用干土或红烧土等筑成房基；较大型的建筑，往往用夯土筑成较高的台基，这是最底下的一层文化土。在台基上，有时要挖墙基，挖柱子洞，甚至挖窖穴和水井等，形成打破关系，但这种打破关系仅仅是表明建筑工序的先后，相距的时间是很短的。

房子使用期间，有时会增加间次，郑州大河村仰韶文化晚期的房子，原先只有两间，以后又增建两间，连在一起。对于间数较多的房屋，应当注意有没有这种情况。

房子使用时期，室内和附近的室外地面是稳定的，但稍远一点就会有垃圾堆，它比房子建造的年代要晚一些。

房子毁弃后，会很快形成一大层堆积，有时会把室内某些未搬走的器物压在下面。这些器物代表的时期，应较房屋倒塌的时期稍早。

因此，一座房子从建造、使用到毁弃，往往有较长的时期，形成几个地层。当有许多建筑物在一起时，有些比较坚固，使用时间很长，在其使用期间旁边可能又盖了房子，直到它倒了，原先那座坚固的房子还没有倒。

这种参差不齐的情况，使得村落和城市遗址的地层非常复杂。但是只要我们注意划分房屋本身的层次，以每一层而不是以整个房屋作为一个共存单位，问题就可以搞清楚。

房屋的结构随着时代的不同而有很多变化，同一时代因地区差别或用途不同也有许多类型。例如我国新石器时代的房屋，从平面布局看就有圆形的、方形的、长方形的，单间的、双间的和多间的等许多种；从结构看则有半地穴式窝棚，平地或低台建筑的房舍，以及架在木桩或竹桩上的干栏式建筑等；从用途看则有居室、公共活动的大型房屋和经济建筑物等。到商周时代，开始出现了宫殿、宗庙等大型的成组建筑，以及各种手工业作坊。在建筑技术上，新石器时代多是木骨泥墙草泥顶，后来逐步有夯土墙、土坯墙乃至砖墙瓦顶，地面也从一般的泥土面到白灰面或青灰色的三合土面，后来又有铺地花砖等。一个田野考古工作者起码应当具备这些基本知识，这样在清理房屋遗迹时就会有一定的预见性，做出一个切合实际的清理方案，否则就会盲目动土，造成损失。

在通常情况下，清理房屋的基础是比较容易的，而清理房屋倒塌的堆积是最困难的。做得好可以从中取得很多难得的资料作数据，可以复原房屋乃至家庭的生活图景；而如果做得不好，就很可能当作一堆乱土给清除掉，最后只留下一个房基的轮廓。

要清理房屋倒塌的堆积，最好是分步骤来做。先搞清楚房顶结构，再了解墙壁和门窗，最后是室内设施和器物。清理房顶的堆积时，先要剔除浮土，看看屋面是怎样做的，有没有装饰，有没有天窗设施，有没有瓦，瓦的排列方向如何等等，弄清楚后及时照相、绘图并做好文字记录。有的构件要编号，并在图上一一注明，然后才能清除。有些草泥顶的房屋被火毁后，房顶部分被烧成了红烧土，变得相当坚硬，把这层屋顶翻开来，往往能够看到清楚的苇束和木椽痕迹，可据以复原房顶的构架和建筑工序。在清理这种屋顶时，最好在旁边划出一块同样大小的空地，然后把屋顶红烧土一块一块地翻转过来，按原来的相对位置排列，椽架结构就会一目了然。待照相、绘图并做出详细记录后，应将所有红烧土块编号并包装收集起来。清理墙壁倒塌的遗迹，首先要注意倒塌的方向，看看墙顶到墙基有多少距离，是否可能复原墙壁的高度。再就要研究墙体结构，如是木骨泥墙，看看有无竹筋或苇子痕迹；如是夯土，要看看夯层厚度和夯窝形状，还要注意墙壁的厚度和收分；如是土坯或砖石砌成的墙，则要了解每块的大小和砌法，以及墙面的加工、有无壁画等等。在有些墙壁倒塌的遗迹中还可以了解门窗的位置和结构，把这些情况弄清楚并作必要的记录以后才能清除。最后研究室内的设施，如土床、土台子、火塘或地窖等等，东北有些房子有火炕。有些房子因为失火，室内东西来不及搬走，通通被压在房顶和墙体之下了。做这种房子很有兴趣，同时也应特别注意，看看地面是否有炕席的痕迹，有些什么陈设，各种东西摆在什么地方等等。有些器物如陶罐、瓷、瓶之类，在屋顶塌下来时会被砸碎，破片会飞离原来的位置，但底部一般不会离开多远。所以要了解原来放置的确切位置，应该以底部的位置为准。

五　遗物的采集和保管

在发掘过程中，凡属小件器物如石器、骨角牙器、金属器以及可复原的陶器、瓷器和瓦当等，都应全部采集；陶片和动物骨骼等一般也应全部采集。至于贝丘遗址中的贝壳，秦汉以后的砖瓦等，因为重复件很多，可以择样采集。

有时可能发现房屋建筑的构件，包括梁柱、地板以及石质和金属构件等，也应尽量采集。

为了进行孢粉分析，应有选择地采集各层土样；为了测量年代，应采集一定数量的木炭或其他含炭标本用作碳素分析，或者采集窑或火塘的烧土标本用作古地磁分析。

除此以外，还可能有些重要的痕迹，如在坑壁上留下的被工具挖过的痕迹、夯窝或版筑痕迹等，应当翻模或硬化取样。

所有采集的标本均须记明出土层次，假如有个别器物介于两个地层之间，一时不好判断属于哪一层，则应暂时归于上一层。在整理时再看拼对情况确定是否可能属下一层。若是层次不清楚，就只能作为采集品处理，采集品的器物顺序号前一般要加一个零。

凡小件器物都要测量所在位置，由于探方一般是在东、北两边留隔梁，所以总是以西南角地面为基点，用三向坐标量度。探方的南边为横轴（X），西边为纵轴（Y），从基点向下的垂直线为竖轴（Z）。在实际测量时，总是先量器物到探方西壁的垂直距离，即 X，再量到南壁的距离 Y，最后拉水平线量距西南角地面的深度 Z，并用数字记录下来，所用单位一般为米。如一个器物的横坐标（到探方西壁的距离）为 3 米，纵坐标（到南壁的距离）为 1.8 米，深为 0.82 米，就可记为 $3 \times 1.8 - 0.82$，此处的 × 和 – 号并非意味着乘和减，只是一种约定俗成的联系符号而已。

量好坐标后应写标签，一般标签上应包括顺序号、器物名称、质地、出土单位或层次、坐标、记录者和年月日等栏目。标签应用变色铅笔书写，一式两份。

所有小件应个别包装，一张标签放在包里，一张贴在包外以便查找。陶片、骨骸等可以依层次集中包装起来。

六　发掘记录

发掘记录应当全面而准确地反映文化堆积的实际情况，所谓全面，就是所有可能做出的遗迹、遗物和遗痕都应得到反映，不是任意挑选一部分而丢弃另一部分。所谓准确，包括准确地判断地层和各种遗迹的性质，并且准确地进行量度等等。这样，人们就可以根据记录重建整个遗址，恢复发掘前的本来面目。为了达到这个目的，需要采用文字、绘图和照相等各种手段。因为三者各有其长处又各有其局限性，把它们结合起来，就能比较充分地反映发掘的对象。

文字记录主要有工作日记和遗址发掘记录两项。工作日记是每个从事发掘的业务人员的工作记录，带有流水账的性质，必须随身携带，遇有重要现象随时记录，每天收工前再作必要的补充和归纳。所记内容应包括日期、天气、参加发掘人员，开始如何计划当天的工作，发掘过程中发现了何种现象，当时是如何判断的，发掘的结果又是怎样的，以便逐步地积累田野工作经验。当发现重要的地层关系、遗迹和遗物时，也都要及时记录，并附以适当的草图。在发掘过程中画了什么图，照了什么相，取了哪些标本等等，也都要一一记明。工作日记是最原始最直接的记录，是填写正式发掘记录的重要依据，工作完毕后应该集中存档而不要留在个人手里，以便正式编写发掘报告时查对和参考。

除了每个业务人员的工作日记外，工地的总负责人还必须有总的工作日记，把整个工地的情况记录下来。栏目与各人的工作日记类似，只是反映的是整个工地情况，并且更多地注意于各探方之间的联系等。

遗址发掘记录乃是更为正式的记录，有一定的格式，并且要按照单位进行编号。一个探方就是一个单位，一所房子、一个灰坑、一座陶窑、一口水井等等都各是一个独立的单位，应该各有序号，并各有其发掘记录。单位的编号应包括发掘年份、发掘地点、单位类别和序号四个部分，发掘年份只用公元纪年的最后两位数字，发掘地点通常包括所属县市和遗址所在的最小地名，各用拼音文字的第一个字母代替，如岐山县为 Q，凤雏村为 F 等等。单位的类别也用拼音文字的第一个字母作为代号，如探方和探沟均为 T，房子为 F，灰坑为 H，窑为 Y，井为 J，沟为 G，墓为 M 等；有时把儿童瓮棺葬单独划一类别，代号为 W。这样，76QFF1 就是代表 1976 年在岐山县凤雏村发现的第一号房屋，75JMY1 就是代表 1975 年在江陵县毛家山发现的第一号陶窑，以此类推。

各种记录都应有一定的格式，分为各种条目逐项填写，以便于将各单位的同类项目进行比照研究，也便于个别项目资料的查对。切记不要写大块文章，不要发些不着边际的空泛议论。通常探方或探沟的发掘记录应包括以下几个项目：

（1）探方或探沟的编号、位置、方向和大小。

（2）绘图号、照相号、记录者和记录日期。

（3）发掘经过：包括参加人员，发掘日期，重要发现；对某些重要现象开始是如何判断的，怎样发掘的，结果如何，取得了何种发掘经验，是否还存在没有研究清楚的问题等等。

（4）层次和出土物：要从上到下逐层地叙述深度厚度、土质土色和包含遗物等，然后对该层堆积所属时代做一初步推断。

凡探方内有遗迹的，应说明各遗迹的地层关系。假如有个 H5 是被第 2 层叠压而又打破第 3 层，就应在写完第 2 层后把这一关系交代一下，再写第 3 层。至于 H5 的具体情况如形状大小、堆积状况等，将另有单份记录，在探方记录中可以从略。

灰坑的记录一般应包括以下几个项目：

（1）灰坑的编号和位置。

（2）绘图号、照相号、记录者和记录日期。

（3）发掘经过，写法同于探方记录。

（4）地层关系：指该灰坑被哪一层所压，或被哪个遗迹打破，它本身又打破了什么遗迹或地层等。

（5）形状、结构和大小：通常灰坑有袋形、圆筒形、长方形和不规则形等，不论哪种形状，都要具体描写，并应有口径、底径和深度等详细尺度。结构指其构筑方法，如有的有阶梯，有的壁面抹草拌泥或白灰，有的有上下的脚窝，有的壁面有工具痕迹等。

（6）堆积状况和出土物：包括土质土色，遗物多少，最有代表性的是哪些等。如灰坑中的堆积可以分层，便应逐层描写。

（7）时代和用途推测：时代只要求有个大略的估计，具体时代或期别要在室内整理阶段确定。用途主要是根据形状结构和堆积状况进行推测，如没有什么根据就宁可阙如，不要勉强。

以上是一些最基本的条目，其他的遗迹发掘记录可依这一格式适当变通。房屋结构比较复杂，记录当然也要相应地增加条目，尽量做到详尽而不遗漏。

发掘记录至少要一式两份，一份留在底册上，一份连同该单位的测绘图纸和小件登记表等共同放在一个资料袋里，注意每一个单位都要单独设一个资料袋，不要把几个单位的放在一个资料袋里，否则不易查找。资料袋上应写明发掘地点、单位编号、资料内容、记录者和记录日期等，并依顺序排列存档，以备室内整理期间或以后核查资料之用。

绘图记录在考古发掘中也是绝不可少的，它的优点在于比文字记录更加形象化。但考古现象是非常复杂的，例如土质土色的变化，包含遗物的状况等等，有些单靠绘图是难以表现或无法充分表现的，这就需要用文字加以说明，所以两种记录是相辅相成的，缺一不可。

考古绘图同艺术性的绘画不同，一般不讲透视，不讲明暗，而是以实测为基础，按照投影几何的原理，用一定比例进行缩绘，反过来又可按照一定比例进行复原。当然，在某些场合，也可以画一些素描，有意识地突出某些特点。这种素描比一般考古绘图更富有真实感，但它毕竟不能代替以实测为基础的绘图记录。在发掘遗址的过程中，起码应有以下几种实测图：

（1）遗址地形图：其范围应包括整个遗址及其附近的地形、地物，如河流、小山、村落、庙宇等。最好测出等高线，比例以 1/1000 或 1/2000 为宜。

（2）发掘坑位图：包括整个发掘工区的探沟探方及遗迹的平面图，以 1/50 或 1/100 为宜。

（3）探方平面剖面图：以 1/50 为宜。所谓平面图实际是顶视正投影图，可以表示探方内的遗迹及其相互打破的关系。剖面图则是在探方挖完后，从四壁的平面上可能看到的地层及遗迹的轮廓线，要注意平面图和剖面图的衔接以及四个剖面图的相互衔接，如果衔接不起来，就可能是测量错了，应该及时检查并改正之。

（4）遗迹平面剖面图：包括灰坑、房屋、窑、井、沟、墓等各种遗迹的平面和剖面图，以 1/10 或 1/20 为宜。每一遗迹至少应有一个平面图和一个剖面图，结构较复杂的应视情况增加几个剖面图和细部图。细部图的比例可依实际需要画 1/10 或 1/5 甚至更大一些。

画平面图的时候一定要标明方向，由于在实际工作中总是用磁针测量方向，磁针总是指向地球磁场的南北极，它与地球本身的南北极并不相合，各地的磁偏角均不相同，同一地点的磁偏角也随时间的变化而逐步发生变化。所以在图上画方向标时一定要写明磁北而不要只写一个北字，并且要注明测绘的年份方妥。

画剖面图一定要定水平。遗迹的剖面图通常有两种表现方法，一种是仅仅画出剖面的轮廓线，一种是除画出剖面外，还同时表现从该剖面向纵深看去的投影图，在同样大小的画幅内，后一种表现的内容比前一种要多，效果也比较好（图七）。

不管是哪一种图，都必须注明图名（如是遗迹，就一定要写出它的编号）、比例、绘图者和日期等。

绘图虽然比较形象化，而且具有适当的比例关系，但毕竟只能勾出轮廓线而缺乏质感，这就有必要进行考古摄影。照片能够比较充分地反映事物的本来面貌，细致、生动、逼真，但无法表示各部分的具体尺寸，所以

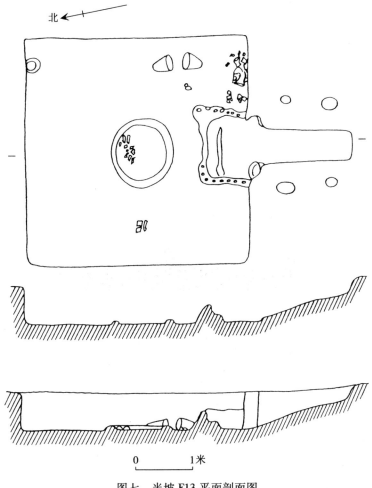

图七　半坡 F13 平面剖面图

上. 平面图　中. 只画剖面轮廓线的剖面图　下. 剖面及侧视正投影合图

（据《西安半坡》12 页插图改绘）

照相和绘图是互为补充的，两者缺一不可。

照相的内容应包括遗址动工前、发掘中及完工后的工地全景和特写，工作相和各种遗迹相等。基本要求是主题突出，尽量减少周围的干扰。一般用自然光线，深暗部分（如较深的窖穴和水井等）可用人工闪光。有些面积较大的遗迹或是工地全景等，为了取得较好的角度可以搭起架子来拍照，有些遗迹最好从顶部拍摄，那就需要一种特制的轻金属三脚架，如图

图八　鸟瞰照相的轻金属三脚架

八，照相机安在顶端，用电线连接快门进行拍照，用这种架子每张照片大约可拍 40 平方米左右，如果需要拍摄更大的范围，可以移动三脚架分片拍摄，然后把照片拼接起来。必要时还可以与有关方面联系用气球拍照或拍摄航空照片。

每次照相后都要及时登记，要有专门的照相登记簿，其中应列出以下栏目：胶卷编号、张次、拍照内容、方向、天气、时间、光圈、速度、拍摄者和拍摄日期，至少前四项和后两项是必须填写的。

当有重大发现时，应进行录像或摄制记录电影。

附记：

本文与《考古资料整理中的标型学研究》（载《考古与文物》1985 年 4 期）是 1976 年 9～10 月间在陕西周原考古工地讲授《田野考古学》的讲义，当时听课的有北京大学考古研究班的学员、西北大学考古专业的工农兵学员和周原亦工亦农考古训练班的学员等。讲稿曾多次打印散发。后来又一直用作北京大学考古专业本科生的教材并略有修改。《资料整理》部分发表后，不少同志希望把整个《田野考古学》讲义整理发表，或至少先将《遗址发掘》部分发表。考虑到全部稿子还有许多不成熟的地方，修改需要较多的时间，所以还是先发表《遗址发掘》部分。由于稿子完成的比较早，有关遗址发掘中的聚落形态研究和浮选法的应用等都没有涉及。好在近年来已有一些文章介绍这些方法，读者阅读本文时可以参考。

为了进一步了解考古遗址的发掘方法，特别是发掘中的地层学研究，读者可以参阅下列著作：

［1］吴理著，胡肇椿译：《考古发掘方法论》，商务印书馆，1934 年。

［2］滨田耕作著，俞剑华译：《考古学通论》，商务印书馆，1931 年。

［3］夏鼐：《田野考古方法》，载中国科学院考古研究所编《考古学基础》，1956 年。

［4］石兴邦：《略谈新石器时代晚期居住遗址的发掘》，《考古通讯》1956 年 5 期。

［5］石兴邦：《田野考古方法——调查、发掘与整理》，载中国社会科学院考古研究所编《考古工作手册》，文物出版社，1982 年。

［6］易漫白：《考古学概论》，湖南人民出版社，1985 年。

［7］苏秉琦：《地层学与器物形态学》，《文物》1982 年 4 期，又收入《苏秉琦考古论述选集》，文物出版社，1984 年。

［8］张忠培：《地层学与类型学的若干问题》，《文物》1983 年 5 期。

［9］俞伟超：《关于考古地层学问题》，《考古学文化论集》（第一集），文物出版社，1987 年。

［10］黄其煦：《考古发掘工作中回收植物遗存的方法之一——泡沫浮选法》，《农业考古》1986 年 2 期。

［11］日本文化厅文物保护部著，李季译：《地下文物发掘调查手册》文物出版社，1989 年。

［12］白云翔：《日本古代水田址的发现与研究》，《农业考古》1991 年 3 期。

［13］Graham Webster, *Practical Archaeology*, Adam & Charles Black, London, 1974.

［14］Brian M. Fagan, *Archaeology: A Brief Introduction.* Little, Brown &

Company, Canada, 1978.

[15] Martha. Joukowsky, *A Complete Manual of Field Archaeology*, Prentice-Hall, INC. , Englewood Cliffs, New Jersey, 1980.

[16] Philip Barker, *Techniques of Archaeological Excavation*, B. T. Batsford Ltd London, 1982.

[17] Colin Renfrew & Paul Bahn, *Archaeology: Theories, Methods and Practice*, Thames and Hudson Ltd, New York, 1991.

四　考古类型学

考古资料整理中的标型学研究

一　资料整理和标型学研究

资料整理是整个田野考古工作中最后的，并且是非常重要的一个环节，从田野考古学的角度来看，调查、发掘和资料整理，是一个先后衔接而不可分割的完整过程。没有事先的调查，不可能组织考古发掘；没有发掘得到的资料，当然也谈不上资料整理；而如果不进行整理，就不能很好地消化发掘所得到的资料，更无法写出具有科学水平的发掘报告。

在大多数情况下，一个遗址往往包含不同时期的堆积，并可划分为若干层次。考古资料整理的方法，主要是根据田野发掘时划分的典型地层单位，对出土器物进行排比，分出早晚不同的时期，再依据不同时期的标型器物，对所有遗迹、堆积和一般遗物进行分期，最后在这个基础上描述各期文化的特征及其与其他文化的关系。这是一个认识深化的过程。因为第一，在田野发掘阶段，主要是进行地层学的研究，以便把各种文化堆积层次和遗迹的先后关系搞清楚。但地层关系只能表示文化堆积的先后顺序，而不能反映早晚相差的程度。上下两个文化层可以相差几百几千年，也可以只差几年甚至更短的时间。所以，划分地层只是进行文化分期的根据和出发点，并不就等于分期本身；要确定文化分期，还必须看器物和其他文化因素是否有明显的变化。其次，因为种种原因，晚期地层中往往包含有或多或少的早期遗物，给晚期文化面貌造成假象，需要通过适当的方法加以排除。如果只按地层划分，就会把这些混入物归入晚期阶段，从而模糊了早期和晚期文化之间的界限。第三，地层叠压或打破关系在整个遗址中有时仅仅是局部现象，其余没有直接地层关系的文化遗存，只有靠出土器物的对比才能确定其相对年代。何况单纯靠直接的地层关系根本无法越出遗址进行远地对比，而器物则是可以在不同遗址间进行比较的。所以，地层关系最后必须落实到器物型式的变化上来，才能正确地进行文化分期以及探讨各期文化同其他地方文化的关系。由此可见，资料整理的目的乃是把田野发掘中获得的原始资料，来一番去粗取精，去伪存真，由此及彼，由表及里的改造制作功夫，以达到对考古学文化有更深刻、更本质的理性认识。要达到这个目的就必须进行标型学的研究。

标型学又称类型学，是专门研究考古遗迹遗物和花纹等形态变化规律的学科。宇宙间的万事万物都是不断地变化和发展的，考古学上的遗迹、遗物和花纹也是不断地变化和发展的。在一定地区一定时期表现为一种形态，在另一地区或另一时期里又表现为另一种形态。如果运用标型学的方法，不但可以设法了解它们的变化规律，而且还可以根据这种规律去推断其他有关遗迹、遗物和花纹的相对年代及其发生、发展和传播的具体过程。

在田野考古学发展的初期，人们还不懂得用标型学的方法来研究遗物的发展规律，当时各国博物馆的陈列品通常是按质地和用途分门别类，而不是按历史发展的顺序排列的。从 19 世纪后半叶起，进化论的思想得到了广泛的传播，有些博物馆学者试图按照进化论的观点来改进陈列，开始研究器物质地和形式的变化规律。有些田野考古学者也注意到器物形态的变化规律，例如英国的博物馆学家和考古学家皮特·莱维尔斯（Pitt Rivers，1827 ~ 1900 年）在博物馆藏品陈列时将斧、矛、匕首等分别从最原始的一直排到最进步、最完善的。但他过分地强调了人类文化发展的一致性而忽视了民族特色和地区之间的不平衡性，因而不能严格地按年代顺序进行排比。例如他把旧石器时代的手斧与 18 世纪塔斯马尼亚人的打制石斧放在一起，仅仅因为它们都是很原始的，这最多只能算标型学的萌芽。与此同时，法国的旧石器时代考古学家莫尔梯列（A. de Mortillet）建立欧洲旧石器时代分期体系时也曾提出标型学的名称。但标型学的真正奠基人还是瑞典人蒙特留斯（G. O. A. Montelius，1843 ~ 1921 年），他首先将北欧与南欧的青铜器、陶器以及希腊、埃及和西亚的古代装饰花纹等进行了排比，对照了一些考古发掘中的地层关系，证明确有规律可循。他树立了青铜斧、剑和扣针等若干标型器物，探讨了各种方式的器物组合，并用这些标型器物及其组合来推断其他共生器物的年代。他一生有许多著作，最后的一部集中讲标型学方法的书，是 1903 年出版的《古代东方和欧洲的文化分期》第一卷《方法论——器物类型学》①。蒙特留斯研究的对象，大部分是墓葬的随葬器物和传世品，未免有点局限。稍后一些，英国的考古学家皮特利（W. F. Petrie）根据自己多年从事埃及考古的经验，于 1905 年出版了《考古学的方法与目的》一书②，把标型学方法又向前发展了一步。

自从标型学产生之后，很快就为各国考古学者所广泛应用，成为划分时期、区别文化，乃至探讨各地文化的来龙去脉及其相互关系的有力工具。特别是对那些经过大面积发掘的居住遗址和墓地，出土遗物极其丰富，地层关系又非常复杂，如果不应用标型学方法，简直就没有法子整理清楚。

需要指出的是，标型学最初是在进化论思想推动下产生的，它将考古学遗物进行历史的考察，确认是有规律可循的，这是它的基本的值得肯定的方面。但有些著作把器物当作像生物一样的东西，以为只是受到某种自然规律的制约，而忽视社会条件的影响；有的甚至以为器物可以不受制约而自行发展，这显然是不对的。再者从标型学产生到现在已有 80 多年的历史，在考古研究的广泛应用中已经积累了很多新的经验。因此，当我们讨论标型学的基本原理，或是运用这种方法于考古学研究的实践时，不但要尽量吸收前人的成果，而且有必要依据辩证唯物主义认识事物的方法来加以改造。这当然不是个人的能力和水平所能达到的，需要有很多考古学家的共同努力。这里讲述的基本原理和方法，只能算是我学习中的一些粗浅体会。

二 标型学的基本原理

标型学首先要探索器物发展的规律，为此必须先了解遗物在地层中的关系，我们就从这里讲起。

---

① Oscar Montelius, Die Aelteren Kultur Perioden in Orient und in Europa, No. 1. Die Methode, Stockholm, 1903. 中译本改名为《先史考古学方法论》，滕固译，商务印书馆，1935 年。

② W. Flinders Petrie, *Methods and Aims in Archaeology*, London, 1905.

1. 遗物在地层中的关系

遗物一般是出在地层中的，遗物之间的关系需要借助地层关系来确定，而地层关系无非是叠压关系和打破关系，也就是先后关系。不同遗物出在同一个地层单位之中则叫作共存关系。

一般说来，凡属出于有叠压或打破关系的各地层单位中的遗物，其年代可能有早晚之别；凡属有共存关系的器物，其年代可能同时。比如甲器物出在第1层、乙器物出在第2层，第1层叠压在第2层之上因而较晚，若是借助地层来确定甲和乙的年代关系，最大的可能是甲比乙晚；假如甲乙出于同一地层单位，从地层学的角度来看，一个地层单位（如一个地层、一个灰坑、一座墓葬等）本身是不可能再分的最小单位，以它来判断年代，甲乙就有可能为同一时期之物。

要特别提请注意的是，仅仅根据一个地层关系，只能说是可能同时，或可能有早晚差别，而决不能确定它们一定同时，或一定有早晚之别。道理很简单，因为器物的形态总是在制造时而不是在废弃堆积时确定的，有些器物使用的年限很长，有些器物使用的时间甚短，同时制造的不一定同时堆积，而同时堆积的不一定是同时制造的。在地层上有先后关系的器物也是如此。甲出在上层、乙出自下层，只能说甲比乙埋入土中的年代要晚，不见得甲比乙制造的年代也晚。假如甲是30年以前制造的，用了20年才损坏；乙是20年以前制造的，用了5年就损坏了。假如两者的残片恰好被抛在同一地方，而它们的堆积又可分开层次，当然乙会在下层而甲反位于上层。为了避免因这种偶然事例而把器物的年代弄颠倒了，实践中应当引用尽可能多的地层关系进行互证而避免孤证。这里存在着一个或然率的问题。假如两种器物发生共存，说明它们被制造出来的年代可能相差不久，也可能就是基本同时的。假如只有一例，这种或然率还比较小；假如共存的事例很多，或然率就很高；假如达到了相当大的一个数目，可能性就会变为必然性，证明两者确属同时。在地层上有先后关系的也是如此。如果有关的器物不是一两种而是一群，那么重复的次数并不需要很多，就可认为是确实的。器物群越大，这种确实性也越大。

其次还要对地层单位进行分析。一般地说，墓葬或窖藏的器物是一次埋入的，属于同时的可能性较大。但也有一些特殊情况，如广东曲江石峡的二次葬，每墓都有两套东西，第一次随葬的因搬迁而碎了[①]，第二次随葬的则较好，时间明显有先后之分，显然不应视为一个单纯的共存体或地层单位。有些洞室墓的死者不止一人，往往不是一次埋入，随葬品有时也有先后。窖藏东西有时不成套，且年代先后差距较大，如陕西周原庄白一号窖藏即是如此。不过，这种情况毕竟是比较少的，绝大多数墓葬和窖藏都可以作为单一的地层单位，而且是很好的地层单位。

灰坑、窖穴、水井等废弃以后，会逐渐填充起来，这些填充物往往延续一段时日，但一般不会太长。在发掘过程中这类单位的边界比较容易确定，所以其中包含遗物的同时性虽比墓葬要差，但仍然是比较好的。

一般地层堆积的时间往往比灰坑中堆积延续的时间要长得多，发掘时划分上层和下层的界线很难像做遗迹那样一点都不出差错，因此同一地层中出土的遗物，其同时性就比较差了。

最后对器物本身也要有个分析。一般地说，耐用品比非耐用品使用的年限要长，例如石器、玉器、铜器等耐用品，从其形制的确定到埋入土中，时间的伸缩性很大，因而根据它们在地层中的先后关系或共存关系来反证其制作年代的误差就可能很大。陶瓷器等容易破碎的器物，使用的年限一般甚短，从而根据其所在地层关系反证其本身的年代（即制成年代）的误差就比较小。不仅如此，珍贵品和大路货也不一样，有些珍贵品尽管并不结实，人们可能保藏很长时间；而普通的大路货容易更新，使用年限自然较短。还有实用品和明器的差别，前者或长或短总要使用一段时间；而后者制造出来就是专为死人随葬的，时间的误差最小，根据其所在墓葬的叠压打破关系来排比年代是最准确的。

总之，根据地层关系排比器物的年代，其可靠程度要视具体情况而定。如果是较好的地层单位，如墓葬、窖穴等；又是时限比较短的器物，如陶器或明器之类；并且不是单个的，而是整个器物群，那么地层关系只有一个两个，也能确切地证明器物制作的相对年代。如果不是这种情况，所需的地层关系的证据就要加多，否则就只能说有某种程度的可能性，而不能

---

① 广东省博物馆等：《广东曲江石峡墓葬发掘简报》，《文物》1978 年 7 期。

认为是确实可靠的。

2. 标准形制与分型定式

当我们根据地层关系将器物的年代顺序排比出以后，就会发现有些器物变得快，有些器物变得慢；有些器物存在的时间很短，而另一些器物在很长时期内都只有微小的变化，量度年代，总是越精确越好。因此我们总是选择变化较快或存在时间较短的器物和花纹等作为断代的标准，这类器物和花纹就叫作标准形制。

在通常情况下遗物的变化比遗迹要快一些，花纹的变化比遗物又快一些。在遗物中，容器和某些武器的变化比生产工具要快一些。所以在考古研究中，经常用容器和花纹等进行排比，如陶器、瓷器、青铜容器、铜剑和铜镜花纹等，都是标型学研究的有用资料。

在各种容器中，也有变化快慢的区别。一般是形制复杂一些的变化快，比较明显而易于把握；形制简单的碗、碟之类变化小，有时不易觉察。所以人们总是选择前者作为标型器物，例如仰韶文化中的小口尖底瓶、大汶口文化和龙山文化中的鬶、龙山时代和商周时代的鬲，都是形制复杂、变化明显的标型器物，它们的数量又多，因而成为量度年代的最好标尺。

有的时候，某些遗迹、遗物或花纹的某一局部具有相对的独立性，并且变化规律明显，也可作为标准形制进行排比，如中国古代建筑上的斗拱、瓦当和藻井花纹，新石器时代的陶鼎足和小口尖底瓶的口部、商周铜器上的饕餮纹、石窟造像中的衣褶背光等都是。

根据实际情况：可以选择一种或几种标型器物或花纹进行排比。假如选择了小口尖底瓶，其中有杯形口的、环形口的和喇叭形口的，检查地层，杯形口的在下，环形口的在中，喇叭口的总是在上，没有相反的例子，这样不仅可以确定其相对年代关系，而且可以确定每一时期的标准形制。为简便起见，可以分别将其定为Ⅰ、Ⅱ、Ⅲ式，其中Ⅰ式最早、Ⅱ式为次、Ⅲ式最晚，西安半坡仰韶文化遗址的情况就是如此（图一）。

假如选择了陶鬲，其中有卷缘高档的、有方唇高档的、有宽缘矮档的，还有高领高档的、宽缘扁档的等等。检查地层，卷缘高档的常在最下面，而宽缘矮档的常常在上面，其他几种也各有位置，把各种鬲按地层排列，

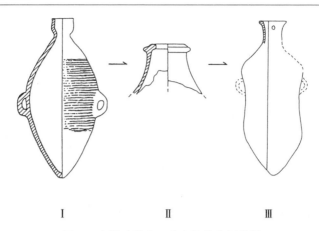

Ⅰ　　　　　　Ⅱ　　　　　　Ⅲ

图一　半坡遗址小口尖底瓶的发展阶段

Ⅰ. 杯形口瓶，半坡早期

Ⅱ. 环形口瓶，半坡中期

Ⅲ. 喇叭口瓶，半坡晚期

从形制的变化上不容易看出规律，如说裆是从高变矮，有的晚期鬲裆也很高，如说缘部由卷缘向宽平缘发展，有些早的并不卷缘。这就需要根据地层关系和器物形制反复排比。如将这些鬲排成两行，变化的脉络就会比较清楚。因为它们一是商文化的鬲，一是周文化的鬲，两者各有其变化规律。遇到这种情况，应将每一行定为一型，分别定名为 A 型、B 型；每型中依年代顺序发生的变化仍名曰式，A 型分Ⅰ、Ⅱ、Ⅲ式，B 型也可分成或多或少的式。如果情况更加复杂，A、B 两型之外，还可以分成 C 型、D 型以至更多的型。为什么有些器物只有一型，有些器物有较多的型，原因是多方面的，其中包括不同传统文化的交流和影响。有几种文化接壤的地方，最容易形成复杂的情况，以至按单一的系列无法进行排比，而必须分成不同系列（即型），才能把形态变化的脉络理顺。

通常用拉丁字母代表型，表示一个完整的系列；用罗马数字代表式，表示一系列中的某一发展阶段。用这些符号是为了更好地说明器物演化的规律，不是什么故弄玄虚。否则就要增加许多说明和解释的词句，既啰唆又不容易表达得十分确切。

型和式都是对于一定形态的本质的概括。型是较大的概念，一个型可以包括若干式。一个式乃是许多个体（器物或花纹）的某种共性的概括，一般是表示某个型在某个时期的突出特征，因而舍弃了许多非时间性的因素，也舍弃了许多个体变异。型则是若干式的共性的概括，其中舍弃了各式区别于其他式的那些特征。不能稍有不同就分出一型或一式，那样将会有很多的型和式，反而会弄得条理不清，模糊了对于变化规律的认识。

3. 祖型和遗型

在许多讲标型学的著作中，常常谈到祖型和遗型的问题，究竟应当怎样评价和认识这个问题呢？

标型学的奠基人蒙特留斯最初创立了原型（prototype）的概念，认为凡是具有原始性或单纯而自然的形式者就是原型。有些著作中把原型又称为祖型或母型，都是指某种东西的最初形制。任何遗迹、遗物或花纹都有其发生的历史，因而都应有一个祖型或原型。由于事物的发展往往是由低级到高级，由简单到复杂，所以祖型也往往表现为比较简单、低级、原始。但事物的发展又是不平衡的，一些高级的复杂的东西产生以后，仍然存在着大量的低级的简单的东西，它们在演化的谱系树上可以被认为是一种祖型，但实际存在的年代并不一定很早。正如生物的进化是从原生动物发展到脊椎动物乃至人类，时间经历了若干亿年，而现今生物界差不多还有代表每一发展阶段的若干物种，包括原生动物在内。人类是从原始社会逐渐发展到社会主义社会的，但就整个人类社会而言，一种新制度的诞生并没有能够完全取代前一种社会制度，当今世界上仍然存在着五种社会形态，尽管有的在周围的环境影响下已发生了很大变化。考古学研究的遗迹、遗物和花纹的变化规律也不例外。从最原始的形态出现以后，过一定时期就会出现一些新的形态，也会淘汰一些旧的形态，但有些旧的或比较落后的东西往往会以稍稍变化的形式遗留下来。它们在形态上可以被认为是某种祖型或原型，而本身的年代并不是最早的。由此可见，最早的东西往往表现为祖型，而可视为祖型的东西并不一定是最早的。

还有一种情况，就是某些地方的某些文化因素有时会出现暂时的退化现象。例如山东地区龙山文化的陶器绝大部分是轮制的，器壁薄，火候高，颜色深黑，而它以后的岳石文化和珍珠门文化的陶器则逐渐退化为手制为主，红色为主，器壁厚重，火候甚低。从夏家店下层文化到夏家店上层文化，从齐家文化到辛店文化，从良渚文化到湖熟文化，也都有类似的倾向，只是程度有所不同。这种退化阶段的陶器，尽管看来比较低级、粗劣，显然并不是什么祖型，更不能认为它们的年代很早。

　　所谓遗型或者称为失效体，原意是指器物上的某个部件如把、嘴、足之类，后来因用途转化或制造方法的变化，逐渐退化为无用的东西，像盲肠一样只剩原来的大致形状而失去了早先应有的效用。因此凡属保持遗型的器物，在年代上就比该部件仍保持效用的器物为晚。在实际生活中，这样的遗型是经常可以看到的。蒙特留斯举了这么一个例子：北欧的一种青铜斧，安柄的部位原来是缠绕许多圈铜丝的，后来成了铸成的空首斧，不需要铜丝来固定斧柄了，但有趣的是在柄端仍然做出铜箍状的花纹，这花纹就是铜丝的一种遗型。大汶口文化的背水壶，本来是有双耳和一个钩形泥突的，发展到后来双耳都成了泥突状的遗型，不能再起器耳的作用了（图二）。

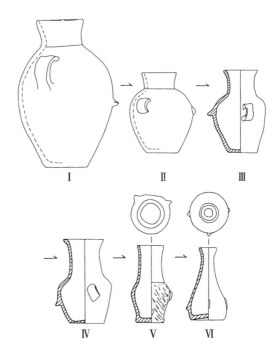

图二　大汶口文化背水壶的谱系
Ⅰ、Ⅱ. 大汶口 M81：8、M98：13　Ⅲ、Ⅳ. 西夏侯 M6：11、M11：63
Ⅴ、Ⅵ. 大范庄 M11：2、M3：26（Ⅴ、Ⅵ器耳已成遗型）

　　安阳商代晚期墓中的陶瓠、爵等明器，也是越发展到后来越不适用。爵本来是有流有把的，后来做得仅仅略有痕迹，最后甚至连一点痕迹也没有了，如果不同以前各期的爵联系起来看，根本就看不出那还是爵，更不用说流和把了（图三）。

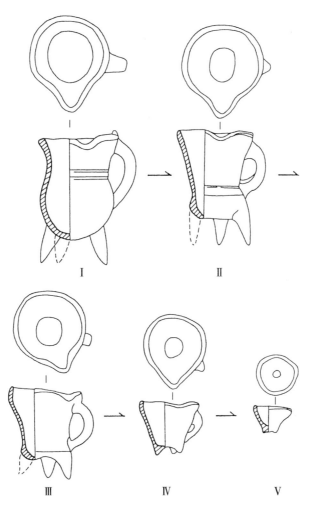

图三　殷墟随葬用陶爵的谱系
Ⅰ. M360∶3　Ⅱ. M422∶1　Ⅲ. M287∶2　Ⅳ. M461∶2　Ⅴ. M445∶8
（图示流和把逐渐变为遗型乃至消失）

　　应当指出的是，并不是任何器物发展到后来都会出现遗型，而且有时候还会遇见似乎正相反的情况。例如大汶口文化有大量的瓠形杯，发展序列也很清楚。觚形杯底部有三足，但最早的三足仅为三个小泥饼，根本起不到足的作用；再早一些，三个泥饼竟贴在近底的外壁，这似乎是失效体，实际是尚未发挥足的效用而仅起装饰作用的原型或祖型。觚形杯足往后发展是越来越宽，最后竟连成一起成了圈足，显然不是失效而是更有效的起到了支撑作用，自然不能把它们看作遗型（图四）。

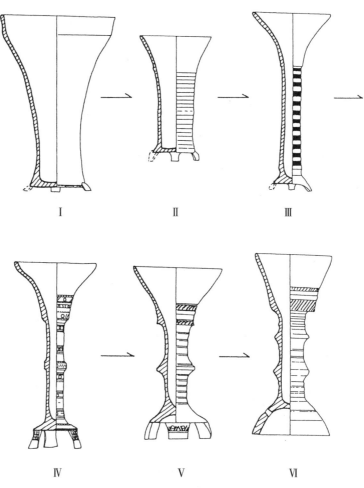

图四　大汶口文化觚形杯的谱系
Ⅰ、Ⅱ、Ⅲ. 刘林 M219：1、M218：1、M83：1
Ⅳ. 大墩子 M17：2　Ⅴ. 大汶口 M48：2　Ⅵ. 野店

　　有时候，一部分器物在退化，另一部分器物并不如是。上举安阳的陶觚爵明器是明显退化的例子，但同时代的铜觚爵并不退化。如大司空村 M53 中随葬的陶觚爵只是略具其形，是遗型物，而铜觚爵完全是适用的。假如说具有遗型的陶觚爵必定比还在有效使用的铜觚爵为晚就会闹出笑话，因为它们共存于一墓，是同一时期的东西。

　　因此，判断某种似乎不适用的部件是否遗型，或虽为遗型，其年代是否比同类的所有适用器物为晚都要按照地层关系具体分析其形制演变规律才能确定。不能想当然，不能设想某种固定不变的模式，否则就会把事情弄乱。

4. 形制发展的逻辑序列

　　人们制造器物，刻划花纹，总是在既有的文化传统和现实条件下进行的。由一种形制变化为另一种形制，有时是突变，但在很多情况下还要经过一系列的中间环节，因而可以分为若干式别，式别与式别之间往往存在着一种逻辑的发展序列。例如带嘴壶，有高颈、中颈、矮颈三种，不论其早晚关系如何，中颈总应放在中间，才符合逻辑的序列。又如鬲，有高裆、中裆、矮裆三种，同样不论其早晚关系如何，中裆鬲只能放在中间，这就叫作形制发展的逻辑序列。任何器物的发展，只要是有规律可循的，就存在着逻辑的序列。根据这一原理，可以解决实际工作中的一系列问题。比如一个墓地有几百座墓葬，只有个别的存在着打破关系。根据墓中出土的器物可以排出几个逻辑序列，只要其中有某一序列的两式器物在地层中分别出于早晚不同的单位，就可以确定该序列的发展方向，再根据共存关系和器物组合，便可将整个墓地分为若干期。当然，正如前面已经指出的那样，单是一个地层关系的排比是不可靠的，地层关系越多，便可有多次验证和补充，可靠性就会增加。但根据形制发展的逻辑序列，并不需要每一式别都有直接的地层关系，在排比墓地随葬器物和传世物品时，这一原理是尤为重要的。

　　这里有一点需要注意，就是排比形制发展的逻辑序列要有一定时间范围的限制，时间太长，某些原来的特征又可在新的基础上重复出现。如原来是由圜底变平底，以后又可能出现新的圜底，遇到这种情况可以划分为几个序列，不能把什么都放在一个逻辑序列之中。当实际进行排比时，还应该按同一类器物的其他方面的特点以及共存器物的情况，以确定一个逻辑序列的范围，才能做到安全可靠。

5. 组合和器物群

各种器物和花纹的变化总是不平衡的，有的快，有的慢，有的淘汰了，有的又新产生出来，新陈代谢，生生不息。要探索这一规律，除了从各种器物和花纹的型式变化来研究以外，还应当从它们的相互联结上，从组合上来进行研究。

所谓组合，是指在一定时期内，某几种形制经常共存，形成相对稳定的关系，这几种形制就称为某某时期的组合。例如仰韶文化半坡期随葬器物的组合多数是钵、瓶、罐，西周至春秋随葬器物多鬲、盆、罐，春秋战国之交多鼎、豆、壶，战国多鼎、敦、壶和鼎、簠、壶；到了西汉成了鼎、盒、壶。人们一提到某某组合，就知道是什么时期的墓葬。所以组合是一种时代特征的最集中的概括。

组合不仅表现在不同器物的联结上，也可表现为几种器物或花纹的特有型式的联结上，甚至可以是器物、花纹和特定遗迹型式的联结。比如杯形口尖底瓶、圜底钵和宽边彩纹是仰韶文化半坡类型的组合；而环形口尖底瓶、卷缘曲腹盆和回旋勾连纹则是庙底沟类型的组合，两个类型的标型器物和花纹的不同式别，又可各自联结为不同的组合[1]。

有时候，不同的组合不但有划分时期的意义，还有区别文化与族别的意义。例如同属于龙山时代，龙山文化多鬶、鼎和蛋壳黑陶；造律台类型多甗、鼎和方格纹；后岗二期多鬲、甗和绳纹；王湾三期多斝、方格纹和篮纹；齐家文化多双大耳罐和蜂窝状绳纹等等。

组合是几种最普遍而突出的特征在一定时期的结合，与器物群的概念不同。一个器物群应包含一定时期内的各种器物，作为一个整体，当然也是代表一个时期的特征。换句话说，就是在不同的时期存在着不同的器物群。

---

[1]　苏秉琦：《关于仰韶文化的若干问题》，《考古学报》1965 年 1 期。

三　器物形制和花纹的谱系研究

关于标型学方法的实际应用，主要有三个方面，即单独一种器物或花纹的谱系研究、墓葬和遗址的分期以及考古学文化的分区和分期等。由于研究具体对象不同，做法上也应有所不同。下面谈到的一些方法仅仅是最基本的和举例性的，详细的研究，最好去看有关的论文著述①。让我们先从一种器物的标型学研究谈起。

凡属标准形制的某种遗迹、遗物或花纹，原则上都可以单独进行标型学研究，以弄清其发展谱系及其所反映的某些文化现象和社会历史问题。但在实践中，往往较多地注意于某一种器物的研究，如我国考古学家多年来对于陶鬲、陶鬶、铜鼎、铜剑、铜镜和石刀等的研究都是如此。

把研究对象集中到一种器物，便于从微观的角度对其形制进行细致的解剖和比较分析，把它的发展谱系建立在牢固的科学基础之上；同时因为对象单纯明确，易于确定它在时间和空间上的范围，从而也便于从宏观的角度探讨它所反映的各种文化现象。自然这种研究方法不能代替对整个器物群和整个考古学文化的研究，甚至也不能完全脱离那种研究，但它毕竟有方便之处和独到之处。

如果一种器物只限于某一小地区的人们使用，影响这种器物变化的原因也比较单纯，那么只需要根据地层进行归类，再按器物发展的逻辑序列对地层进行检验核对；或者先按逻辑序列排比，再用地层关系检验核对，最后分为几个式别以示器物发展的几个阶段也就可以了。但如果一种器物曾经在许多地区的不同族系的人们中广为流传，各地各族人民的文化传统不同，风俗习惯不同，社会经济发展的状况也不尽相同，它们都会成为影

---

① 关于这方面的文章和专著甚多，谨向读者推荐下列五种：

　a. 苏秉琦：《斗鸡台沟东区墓葬》附录：《瓦鬲的研究》，1949 年。

　b. 中国科学院考古研究所：《洛阳中州路》（西工段）第五章：结语，科学出版社，1959 年。

　c. 山东省文物管理处等：《大汶口》，1974 年。

　d. 高广仁、邵望萍：《史前陶鬶初论》，《考古学报》1981 年 4 期。

　e. 林沄：《中国东北系铜剑初论》，《考古学报》1980 年 2 期。

响器物变化的原因，此外还可能有别的原因，使器物的变化复杂起来。上述鬲、鼎、剑、刀等便都有这种情况。

具体研究可以从大处着眼，细处着手。还举仰韶文化的小口尖底瓶为例来说明之。如以潼关为界，西边的全部比较粗短，比高（通高与最大腹径之比）一般不超过2，东边除粗短型者外，还有瘦长的一种，其比高往往在3以上。这样便可大体分为两型。假如把粗短的定为A型，瘦长的即为B型。根据地层关系及形态变化，每型又可分为若干式。最早的为杯形口鼓腹，有双耳，底部夹角甚小，一般在腹中段饰较整齐的绳纹。第二阶段为环形口，A型瘦腹无耳；B型常为亚腰，有双耳，底部夹角稍稍变大，通体饰乱而稀的线纹。第三阶段为喇叭形口，最大腹径上移，形成广肩，亚腰，有耳或无耳，底部夹角更大，甚至变为钝角，通身饰篮纹或绳纹。根据上述情况，就可以将小口尖底瓶分为Ⅰ、Ⅱ、Ⅲ式。A、B两型各自发展的道路有些是一致的，有些并不一致，但在发展阶段上还基本上是同步的。这样一个小口尖底瓶的发展谱系，同它所属的仰韶文化是分不开的，两型的划分反映了仰韶文化本身的分区，而式别的划分则反映了仰韶文化本身的分期。

由于一个考古学文化不止一种器物，也往往不只有一种标型器物，各标型器物的发展虽有联系，但不一定总是同步的，所以器物的分式同文化分期也是有联系而不总是相一致的。同样，器物分型的原因很多，文化传统只是其中之一，故器物分型同文化分区也是有联系而并不总是一致的。这里不过是为着叙述的方便举出一个比较简单的例子。至于更复杂的器物，方法也还是一样的，只不过要分出更多的型和式罢了。

有时候，一个型的器物在发展中产生了新的分支，各自沿着不同的轨道发展，就可以分为新的型或者亚型，正同文化分区可以分为次级区或亚区一样。有时式的下面也还可以有更小的一个层次。如Ⅰ式、Ⅱ式不能反映最基层的划分，则可细分为Ⅰa、Ⅰb、Ⅱa、Ⅱb等更小的式别，这些都要视具体情况而定。

在划分器物的型式时，需要有总体的观察，也要对全器进行分解，以便考察各部分的变化情况。上述小口尖底瓶就可以分解为口、腹、耳、底、纹饰五个小部分。如果更细致一些，口又可以划分为唇、缘等若干细部。特征的描述除形状外，在可能的情况下还应有量的界标，如小口尖底瓶的比高即是一例。这样可使某些式的划分更确切些，也有利于现代数学方法的应用。

四　墓葬和遗址的分期研究

在考古资料整理工作中，更常见的是墓葬分期和遗址分期。要做好这个工作，首先要对出土器物进行标型学研究并划分时期，在这个基础上才能进行文化分期。

不论墓葬还是遗址中的器物，都不是单独一种，而往往是以器物群的形式存在的。不过墓葬和遗址出土器物的情况还是有差别的。因为随葬器物是人们有意识安排的，常有一定的组合，并且是完整或可以复原的；遗址的情况要复杂得多，大多数遗物是无意中抛弃的，并且十分残破，花费极大功夫进行拼对复原也只能补救于万一。尽管遗址和墓葬器物分期的基本原理相同，但在做法上不能不有所区别。比较起来，随葬品的标型学研究要简单一些，这里就先从墓葬的随葬品标型学研究讲起。

1. 随葬物品的分期

可以有两种做法。第一种做法是选择一种最好的标型器物，根据地层关系（如有纪年铭文或其他可以确定年代的物品亦可）和形制发展的逻辑序列排成一行或数行，将其分型定式。再将第二种和第三种标型器物照此办理，最后检查其组合关系和共存关系。为了醒目起见可以列出一张各式器物的共存关系总表，检查表中有无互相倒置等矛盾现象，一个一个地追查原因。无非是地层关系搞错了或者是型式搞错了，查出后即加以纠正。在反复核对无误以后，再看其他随葬物品的情况有无矛盾，如有矛盾也要查明原因加以纠正。完成这步工作之后，再对各种随葬器物的变化进行综合考察，如果大部分标型器物发生了变化，或者组合发生了变化，就可以分为一期，如此一期一期地排下去，随葬器物的分期也就完成了。

第二种做法是将具有叠压和打破关系的墓葬分为若干组，依器物丰富的程度顺次进行对比，每新对比一组，都对前面的各组起到验证和补充的作用，发现矛盾即查找原因，如此将有关各墓排成一个统一的系列。然后把没有叠压打破关系的墓一个一个地进行对比，其中必定有一些基本相同的，可以放在一起，有些根据器物发展的逻辑序列适当插入，最后将全体墓葬分为若干期，并将每期的标型器物分型定式，制成总的分期表。

随葬器物分期确定之后，每个墓葬的期属也就确定了。在这个基础上可以进一步考察各期墓葬的分布规律，头向的变化，墓坑，葬具、葬式、随葬器物的种类和放置位置等。其他特殊的埋葬风俗，也都要分期加以考察，看看有什么变化。有时候，不同身份和职业的死者会有一些特殊葬俗，应分别加以研究。但其分期总还是一致的，必须作统一的考虑。这就是墓地的分期，它是总的文化分期的组成部分。

2. 遗址器物的分期

一个遗址往往有许多地层和单位，有许多叠压和打破关系，要进行器物分期，第一步就要按照地层单位中堆积年限的长短、遗物是否丰富和发掘工作是否做得理想这三条标准，把所有地层关系排队，选择最好的作为典型，首先进行器物排比。

假定选择了 H1 打破 H2，H2 又打破 H3 这样一组地层关系；假定三个灰坑中的器物都比较丰富，而且发掘工作也是完全可信的，那么首先就把最早的一个单位即 H3 的标型器物按类别排成一横排，暂定它们是 A1、B1、C1。接着把 H2 的标型器物按照同样的顺序进行排列，其中可能包含有三种器物：一种是和 H3 完全一样的，这部分可以放在一边；第二种是和 A1、B1、C1 同型而略有变化，应分别放在该型的纵列位置上并暂定其为 A2、B2、C2；第三种是新出现的形制，暂定它是 D1。最后排比 H1 的标型器物，无非也是由三部分组成：第一部分是和 H2、H3 所出完全相同的，不管是多是少，是完整还是残破，先把它放在一边；第二部分是和 H2 所出器物同类而略有变化，应分别放在各该型的纵列位置上，有些早先的形制这时也许已经消失，因此 A 行阙如，剩下的便可能是 B3、C3、D2，至于新出现的器形，则可暂定为 E1。其关系正如下表所示：

单位	标　型　器　物				
H3	A1	B1	C1		
H2	A2	B2	C2	D1	
H1		B3	C3	D2	E1

这里有几点需要加以说明：

第一，由于器物发展不平衡，有的变化得快，有的变化得慢，在同一时期内 A 型可能分二式，B 型就可能分三式四式，这是一般的情况，只要注意横的关系和共存关系，注意同一时期的形制组合和器物群就行了。

第二，在排比较晚单位的器物时，总是把同较早单位出土器物相同的那一部分放在一边，这是同排比墓葬器物不同的地方。因为遗址的情况复杂，晚期遗迹或地层形成之时，往往混入早期的东西，有时这种混入物占了全部器物的绝大部分，为了清楚地表示晚期特征，这部分器物自然应该排除。其次，在发掘过程中，有些地层很难不做过头一点，两层交界处的器物在不能确知属于哪一层时，总是归并入上面的一层，其中不免有一部分原先是属于下层的，也应当用上述方法加以排除。退一步说，即令被排除的器物在当时还是正在使用的，排除后也不影响大局。因为这种排比是为了寻找两个时期在器物上呈现的差别，如果只是个别器物相同，排除之后差别更加明显，有利于器物分期；如果大多数器物相同并被一一排除在一边，那就表示两个单位的年代相距甚近，可以合并为一期，不必分开排了。

第三，遗址中的器物多系无意识地抛弃和堆积而成的，不像随葬器物有一定的格式，因而具体到某一地层单位究竟有几种器物带有很大的偶然性。在上述三个灰坑的出土器物中，D1 可能是和 A2、B2、C2 同时的，也可能是和 A1、B1、C1 同时而混入 H2 的；D2、E1 可能是和 H1 同时的，也可能是和 H2 乃至 H3 同时而混入 H1 的。要确定它们的时期，需要将每一个地层单位的出土物进行对比。在这一步工作进行以前，首先要排比其他组的地层关系，用以检验或补充第一组地层关系排比的初步结果。如此一组一组地做下去，最后用那些虽无直接叠压打破关系但出土遗物丰富的单位来进行检验和补充，从而确定整个遗址的器物分期。

正像墓葬器物的分期一样，绝不能仅仅根据一个地层关系就把整个遗址的分期以及各期器物的型式确定下来。器物因时期不同而有差别是客观存在的事实，人们对这个事实的认识是否正确，首先依靠方法对头，其次要靠反复的检验，未经检验的认识不能算是完全的认识。检验的结果可能会纠正某些错误，更可能补充某些期，每一期中又补充某些器物，形成一个较完整的器物群。

遗址标型器物的分期确定以后，应当用它衡量每一个遗迹和地层单位，从而将各种遗迹和自身的时代特征不很明显的其他物品（如动物骨骼、植物痕迹、编织物遗存等）也一一进行分期，在这个基础上对每一期文化的具体内容进行描述，诸如房屋、窖穴等遗迹的分布和特征，生产工具的种类和器形特点，经济发展水平的估计，生活用具的种类和特征，宗教和艺术品反映的意识形态状况等等，这就是文化分期。当然不应只停留在对各期文化遗存的描述上，如有可能，还应探讨各期文化的关系及其同其他文化的关系，客观地分析遗址各期文化的学术价值，一个遗址的分期才最后完成。

前面说过，一种器物的标型学研究应同墓葬和遗址的分期联系起来（当然是在可能的情况下才能如此），而一个遗址和一个墓地所表现的文化现象，乃是整个考古学文化的一个部分，最好也能联系起来进行研究。至于考古学文化的分区分期研究，乃是标型学方法实际应用的另一个重要方面。由于问题本身的复杂性，不易用很短的篇幅讲清楚，本文前文提及的《洛阳中州路》（西工段）和《大汶口》两书谨供参考，此处从略。

（原载《考古与文物》1985 年 4 期）

五 考古学文化

关于考古学文化的理论

什么是考古学文化

考古学文化同一般意义上所称的那种区别于政治、经济而属于意识形态的文化有所不同，它是专指能够在考古学遗存中观察到的，存在于一定时期和一定地域，并具有一定特征的共同体。这一特定的概念是在考古学研究的长期实践中逐步形成的。

19 世纪后半叶，以田野考古为基础的近代考古学获得了初步的发展。那时大部分考古学家的注意力集中在划分地层和编制分期系统，用进化论的观点来阐述这些系统在人类文化史上的地位。对于考古遗存的地区性差异则未能进行充分的研究。到 20 世纪初，实测绘图法在考古工作中被普遍应用，严格的比较类型学的研究成为可能。人们把相同类型的遗迹、遗物或花纹在地图上标示出来，往往形成一些与地理分区或历史上的民族分区相联系的文化区。这同当时在民族学研究中依据某些文化因素的相似而划分成各种文化圈（如德、奥文化历史学派所做的那样）的道理是相通的。

在确立考古学文化的理论并将其运用于考古学研究方面，英国考古学家柴尔德曾经起过很大作用。他在 20 世纪 20 年代写的《欧洲文明的曙光》① 和《史前的多瑙河》② 等著作，就是按照考古学文化来划分欧洲史前遗存，借以研究各地史前文化的起源、发展、传播及其同历史上各民族的

---

①   V. G. Childe. The *Dawn of European Civilization*, London, 1925.
②   V. G. Childe. The *Danube in Prehistory*, Oxford, 1929.

联系。他认为确立一种考古学文化，必须有一群具有明确特征的类型品，这些类型品还不止一次地发生共存关系，在不同的遗址出土。单独一种器物或孤立一个遗址是无法构成一个考古学文化的①。

考古学文化通常适用于史前研究，尤以新石器时代考古研究中用得最多。例如我国新石器时代的磁山文化、仰韶文化和龙山文化等，都是很好的例子。旧石器时代有时把一个遗址的文化遗物也称为某某文化，如周口店文化、山顶洞文化等，因为那时发现的遗址很少，几乎是一个遗址一种面貌，难以进行全面比较。以后发现多了，自然也要按照一定时期、一定地域并具有一定特征的考古遗存这一标准来进行划分。至于有文献记载的历史时期，虽可以按照王朝来称呼某某文化，如商文化、周文化乃至秦汉文化等，其含义与一般意义的考古学文化已略有区别了。

考古学文化命名的原则

考古学文化一经确定，便要给予一个名称。历史上大致有三种命名的方法。第一种是以该文化中最突出的特征命名。例如巨石文化、石椁墓文化、古坟文化等是以其具有突出特征的巨石、石椁墓、古坟等遗迹命名的；细石器文化、骨灰瓮文化、钟杯战斧文化等是以其具有突出特征的细石器、骨灰瓮、钟杯战斧等遗物命名的；彩陶文化、绳纹文化、线纹文化等则是以其具有突出特征的纹饰来命名的。用这种方法命名的文化一般范围较大，难以确定明确的界限。例如日本以绳纹为特征的新石器文化称为绳纹文化，我国和东南亚许多新石器文化中也有很发达的绳纹陶器，却不可以统称之为绳纹文化。相反只要是以彩陶为突出特征的，不论分布在什么地方，都可以称为彩陶文化。细石器文化和巨石文化也是如此。由于用这种方法命名的考古学文化分布范围比较大，故有时又被称为某某时代。如日本的绳纹文化又称绳纹时代；细石器文化也有被称为细石器时代的。这已经同划分考古学文化的原则不尽相符了。

第二种方法是以最先发现的典型遗址所在的小地名命名。例如仰韶文

---

① V. G. Childe. *Piecing Together the Past*：*The Interpretation of Archaeological Data*. pp. 123 – 128，London，1956.

化便是因为最先发现的典型遗址位于河南省渑池县仰韶村旁而得名的，磁山文化则是因为最先发现的典型遗址位于河北省武安县的磁山而得名的。所谓最先发现的典型遗址，至少包含有三个方面的内容。一是典型，在那个遗址中应具有一群足以代表该文化特征的遗物或遗迹，也就是柴尔德所说的一群具有明确特征的类型品。由于有这些类型品的发现，才有可能识别它所代表的那个考古学文化。这样的遗址不会只有一个，所以第二个条件就是要限定在最先发现的那一个。但田野考古的历史表明，有些最先发现的遗址往往并不认识，当然也就无从命名。因此还要有第三条限制，即所谓最先发现应是指最先被认识的。例如大汶口文化是因为最先被认识的典型遗址在山东省泰安市大汶口而得名的，后来得知比大汶口发现更早的滕县岗上村遗址等也属于同一文化，只是因为那时还不知道它们代表着一个新的文化，所以没有命名。考古学文化虽然是客观存在的，对一个考古学文化的发现和认识却是逐步实现的。早先被确认为典型的遗址，到后来可能发现并不处在它所属的那个考古学文化的中心地带，它的遗物不一定能代表整个文化的基本特征，在年代上也不一定能代表该文化自始至终的全过程。这样的遗址自然就不能认为还是整个文化的最具有典型意义的遗址。而地理位置比较适中，遗迹、遗物更为丰富也更为典型的遗址可能会不时地被发现。如果每发现一个更好的遗址就更改一次考古学文化的名称，势必不胜其烦，并且容易引起混乱。因此名称一经确定就不要随意更改，如有必要可以适当作些说明。最明显的例子是仰韶文化。它由以命名的遗址是 1921 年发掘的。那时中国的田野考古刚刚起步，发掘方法还存在不少问题。后来发现遗址中几乎有一半属于龙山文化时期的遗存，应该从仰韶文化中分离出去，而当时却被视为仰韶文化的组成部分。现在被划归仰韶文化的遗址数以千计，其中不乏比仰韶村遗址更为典型的遗址，但并未因此而改变仰韶文化的名称。

随着考古学日益走向成熟，考古学主要是依据实物遗存研究人类历史这一目标的明确化，第二种命名方法便为越来越多的考古学家所采用，成为考古学文化命名的主要形式，有的地方则几乎成了唯一的形式。第一种方法命名的考古学文化已很少被继续研究，但并没从考古著作中消失，在一定范围内仍有其历史价值和积极意义。

除了这两种命名的方法以外，某些已进入成文历史时期或接近于历史时期的文化，如果它所代表的族属已经比较明确时，也可以用族别来命名，如楚文化、吴越文化、斯基泰文化等。不过这种命名方法要十分慎重，如果没有把握最好不用。例如一般认为岳石文化应是夏代东方夷人的文化，却并没有命名为东夷文化。几种命名方式的考古学文化的含义并不完全相同，因而可以从不同的角度去使用不同的称呼。比如湖熟文化是以最先发现的典型遗址命名的；也可以说它是江南几何形印纹硬陶文化的一支，这就是用突出的文化特征来命名；如果说它还可能是吴越文化的重要组成部分，则是用族别的命名来称呼了。

近年来由于田野考古的规模越来越大，新的发现不断涌现，跟着提出了不少新的考古学文化的名称；对于过去早已确认的考古学文化也有重新加以研究或重新划分的，从而又提出了一些新的名称。这些新考古学文化大体是按照一定时期、一定地域，并且具有一定特征的考古学遗存这一标准来划分，又按首先发现和识别的典型遗址来命名的，应该没有什么问题。但实际上各人掌握的标准仍然有很大差别，在具体操作上发生很大分歧。为什么会出现这种情况呢？我想主要的问题在于考古学文化本身存在着层次结构。关于这一点后文还将比较详细地讨论，这里需要指出的是，考古学文化的任何层次都是存在于一定时期、一定地域、具有一定特征的，可以从实物遗存中观察到的共同体。例如仰韶文化就是在公元前 5000 ～前 3000 年间，主要分布于黄土高原，具有小口尖底瓶等一群特征明确的类型品。人们据此可以清楚地把它同周围的大汶口文化、大溪文化、红山文化和马家窑文化等区别开来；也可以把它同更早的老官台文化、磁山·裴李岗文化和更晚的中原龙山文化区别开来。而仰韶文化的半坡类型则是在公元前 5000～前 4000 年间，主要分布于关中渭河流域，以短体杯形口尖底瓶等一群类型品为特征。据此可以把它同仰韶文化的其他类型区别开来。请注意两者划分的原则完全相同，只是在文化特征的掌握上有所不同，因而划分出来的时空范围就有所不同。如果只强调小口尖底瓶这一级，划出的时空范围就比较大；如果强调到短体杯形口尖底瓶这一级，划出的时空范围就比较小。对于仰韶文化和它下属的半坡类型来说，把它作为两级或两个层次处理就可以了。但如果是两个没有多大关系的文化共同体，就很可能各划为一个考古学文化。因为什么样的特征可以作划分文化的标准，什么样的特征只可以作划分类型的标准，是没有法子加以界定的。所以在考古学发展史上，有的国家划分的考古学文化比较大，另一些国家则划分得比较小。例如日本新石器时代就只有一个考古学文化，就是绳纹文化；而东南欧一些国家的新石器时代和铜石并用时代就划了许多考古学文化。我国的考古学文化划得比日本的小些，比东南欧的大些，适当两者之间。这是历史形成的情况，没有法子也没有必要加以统一。但在一个国家内则不宜有太大的差别。为了把这个问题处理得妥当一些，我曾提出要掌握两个原则。一是要尊重历史，过去已确认的考古学文化尽可能不要改动。这当然不是说绝对不可以改动，标准是原有名称是否完全不合适，是否会引起不必要的误会，否则不宜改动。过去也不时有提出要改名的意见，夏鼐先生曾经针对这种倾向专门写了文章，指出"旧的名称既已通行，如果并不引起误会，那么'约定俗成'，似可不必多所更动，反而引起混乱"①。不但如此，在新划分考古学文化时掌握的尺度也要和历史上已确定的考古学文化接轨，大体保持在一个级别上。二是要有全局观念，要考虑全国的考古学文化是怎样划的，在划分新的考古学文化时就不会过于失衡。一些跨省区的考古学文化在划分范围和命名时尤其要从全局出发，不能你划你的我划我的，否则就会造成人为的混乱。

考古学文化的形成和发展

为什么不同时期和不同地区的考古学实物遗存明显不同，而在一定时期和一定地域范围内却表现出很大的一致性呢？换句话说，客观存在的考古学文化究竟是怎样形成和发展的呢？我想这首先是因为古代人类社会各各不同，又各遵循着一定的规律向前发展，作为那些社会遗留下来的实物遗存，自然会在一定程度上反映那时的情况。有人争辩说，考古研究的实物遗存首先是反映人的行为。一个社会可以有不同的人群从事不同的活动，同一人群也可以在不同的地方从事不同的活动，在这些活动中可以使用不同的工具或其他用品。如果发现这些东西不同就划分为不同的文化，这种

---

①　夏鼐：《关于考古学上文化的定名问题》，《考古》1959 年 4 期。

考古学文化还有什么意义呢？因此他们认为考古学文化纯粹是一些考古学家主观划分出来的，根本没有什么客观的基础。这种意见表面看起来似乎有些道理，其实是不了解考古学家的工作。没有一个人会只凭一两处遗址的零星出土物品就匆忙地划分文化。如果是在全面比较的基础上进行观察，就不难发现考古学文化客观存在的事实。因为影响考古学文化形成的主要有三个方面的原因，即自然环境、人文环境和共同的文化传统，而这三者也都是客观存在的。

自然环境包括地理位置、地形地貌、水文条件、气候条件和动植物群落等许多方面。任何人都必须在一定的自然环境中才能生存。人和自然环境的关系无非是适应环境、利用环境和在一定的条件下适当地改造环境。因此环境的因素总是在人类文化的发展中打上深深的烙印。比如森林草原地带的原始居民主要从事狩猎和采集一类的经济活动，生产工具自然就以枪、矛、弓箭、砍砸器、切割器和刮削器为主；而气候、水文、土壤条件较好的地区发展了原始农业，就会有铲、锄、镰刀、磨谷器或杵臼等农业工具。经济类型不同，生活方式必然有些差别，作为主要生活用具的陶器自然也会有所不同。我国北方冬季较冷，气候干燥，房屋建筑多采用半地穴或窑洞的方式；南方炎热多雨，气候潮湿，房屋自然只能从地面起建，或者先筑台基再建，低洼的地方甚至要先立桩柱，铺上地板，再在上面盖房。而生产工具、生活用具和房屋建筑等正是考古学文化研究的主要资料，它们的类别和形态对考古学文化的形成当然有非常重要的作用。

人文环境是指周围存在的其他考古学文化。任何考古学文化都不会孤立存在，总是在与周围文化发生这样或那样关系的情况下生存和发展的。文化关系可以表现为各种状态，从内容来说有经济的、政治的、军事的、文化的、宗教的和风俗习惯的等许多方面，从方式来说有和平的、渐进的影响、吸收、借用与融合，也有激烈的碰撞、征服、统治和同化等等。在一个考古学文化的形成和发展的过程中，同周围文化的关系可能有不同的内容，也可能采取不同的方式。不同的考古学文化一旦发生关系，它们的实物遗存就会出现某些相同或相似的因素。人们往往根据这种因素的多少和相似的程度，来推断它们之间关系的性质和程度。但各种文化因素的情况是不同的。有些因素的相同或相似必须依赖实际的接触才能实现，有些因素则并不如是。相同或相近的自然地理条件可以造成许多文化因素的相同与相似；相同或相近的经济技术发展水平也能创造出同样的结果。有时候还会遇到个别因素的偶然相似而不一定有什么明确的原因。所以，凡属看到不同的考古学文化间有某些因素相近，一定要进行具体分析，看看究竟是什么原因造成的，而不应一概归之于文化的直接接触或传播。在弄清楚考古学遗存中确实有外来因素之后，还要研究一下哪些是没有被吸收融合的外来因素，哪些原本是外来因素，后来被吸收融合为本文化的有机组成部分。只有后一种情况才会对文化的形成起积极的作用。

形成考古学文化的第三个原因是共同的文化传统。人们不难发现，两个考古学文化所处的自然环境基本相同，甚至人文环境也很相似，而文化特征并不相同。特别值得注意的是那些功能相同而形制和花纹却有很大差别的东西，用自然环境的影响是无法解释的。例如仰韶文化和大汶口文化都在黄河流域，自然环境相同，文化特征却很不相同。大汶口文化的居民流行拔牙风俗，仰韶文化没有；大汶口文化的陶器中常见鼎、鬶、背水壶、觚形杯和高柄杯等，仰韶文化中基本没有这些器物，即使有一些也明显是受大汶口文化影响的结果；而仰韶文化中特有的尖底瓶在大汶口文化中根本找不到踪影。功能相同的器物，在不同的文化中有时具有不同的形态。同是石斧，有的地方有肩，有的地方无肩；同是石锛，有的地方有段，有的地方无段；同是陶釜，有的地方腹深，有的地方腹浅，有的地方有腰沿，有的地方没有；同是陶支脚，有的地方为塔形或弯角形，有的地方为倒靴形。这样的例子可说是俯拾皆是，不胜枚举。它们的差异与自然环境并无关系，也无法用人文环境的影响来进行解释，看来这类性质的差别主要是反映不同的人群各自具有自己的历史文化传统和风俗习惯。从这个意义上来说，考古学文化同人们的族属有一定联系，但决不可以等同起来。因为考古学文化的形成还有其他几方面的原因，文化传统只是其中之一。再说任何历史文化传统和风俗习惯都不是一成不变的，只是变得比较缓慢，有比较大的惯性和稳定性罢了。何况自然环境和人文环境的影响也可以是形成文化传统的因素。居住在黄土高原上的新石器时代的人们曾经利用黄土的特性挖掘窑洞，后人在相同的环境条件下继续挖掘窑洞，就形成当地人民居住风俗的一个传统。可见即使具有共同的文化传统，是不是就可以同族群等同起来，也还是需要进一步研究的问题。

上述三个方面对考古学文化的影响是有差别的。自然环境首先是制约人类经济活动的方向，进而影响到文化区域的形成。例如我国在新石器时代就形成了旱地农业文化区、水田农业文化区和采集狩猎文化区等，这是一种经济文化区，而历史文化传统则往往与一定的人们共同体有关，特别是与族群有关。史前社会虽没有形成民族，但那时的部落也自觉或不自觉地形成集团，实已具有准族体的性质。所以因历史文化传统影响而形成的考古学文化区，应称之为民族文化区①。至于人文环境的影响，也主要是在民族文化区方面，对经济文化区的影响很小。在通常情况下，经济文化区的范围较大，有时可以包括几个民族文化区；在极个别的情况下，一个民族文化区也可能属于不同的经济文化区。过去苏联民族学家在研究世界各地的民族文化时，曾经提出了经济文化类型和历史民族区两个概念，其含义与考古学上的经济文化区和民族文化区上基本相通的。

考古学文化一经形成，就会不断地向前发展。一般地说，考古学文化的发展总是向前的，分阶段的，而且是不平衡的。人类的历史从石器时代、青铜时代、铁器时代一直发展到现在的原子能时代和信息时代，就是一部不断向前发展的历史，不过这种向前发展的过程并不是平直的，而是曲折的和阶段性的。为什么是向前发展而不是像某些历史学家所主张的循环往复呢？因为考古学文化都是人创造的，人类为了生存就必须进行生产。要生活得好一点就必须发展生产，必须不断地改进生产工具和有关的技术，这就必然会改变许多制成品的形态，还会不断创造出新的产品，人类的文化成就是可以积累和传承的，后人不必重复前人的经历，而可以在前人已经达到的成就的基础上继续前进，不断地改善人们的物质生活和精神生活，以至推动整个社会的进步。这就是为什么考古学文化的发展总是具有前进性的根本原因。再说人们的生产总是具有社会性的，即使个人的劳作，也

---

① С. П. 托尔斯托夫等：《普通民族学概论》（第一册）32～46页，科学出版社，1960年。

无不受到社会的制约。换句话说，人们在生产中总要结成一定的关系，包括所有制关系、分配关系和交换关系，总称为生产关系。这种关系一旦形成就具有一定的稳定性，只有当它完全不适合生产力发展的性质时才会改变成新的生产关系，进而引起一系列社会关系的改变，诸如家庭形态、社会组织、政治制度、风俗习惯、艺术风格和宗教信仰等各个方面都会受到影响，从而表现为社会发展的阶段性，在实物遗存上则表现为考古学文化的不同发展阶段甚至发展为不同的文化。在考古学上，因为发展阶段不同而划分为不同文化的情况是很多的。例如大汶口文化和龙山文化属于一个系统，因为发展阶段不同而划分为先后相继的两个文化。仰韶文化和中原龙山文化，大溪文化、屈家岭文化和石家河文化，马家浜文化、崧泽文化和良渚文化等也莫不如此。这样看来，考古学文化发展的根本原因就在它所代表的社会内部。自然环境和人文环境不但对考古学文化的形成有重要作用，在考古学文化的发展中同样有非常重要的作用。自然环境可以促进或限制考古学文化的发展，也可以影响考古学文化的经济活动方向；人文环境也可以促进或限制考古学文化的发展，有时甚至可以兼并或消灭一个考古学文化。我国长城地带是一个自然地理分界线和民族文化分界线，又是一个气候敏感带。气候好一些农业文化区可以往北推进一些；气候条件差一些，农业文化区就会退缩一些；而游牧文化区就会往南推进一些，此种南移往往伴随着对农业文化区的掠夺和破坏。可见这里是一个自然环境和人文环境作用十分明显的地带，但其作用不论有多么大，却不能说明考古学文化的发展何以具有前进性和阶段性，不能说明何以一种考古学文化会发展为性质不同的另一种文化。这就是为什么我们不同意环境决定论的原因。

考古学文化发展的不平衡性是由许多因素决定的。其中包括各文化内部的矛盾冲突和所处自然环境与人文环境的差别。由于这些因素本身是变动的，所以考古学文化的不平衡状态也是经常变动的。从新石器时代到铜石并用时代，燕辽地区的红山文化和江浙地区的良渚文化都已发展到同时期诸考古学文化的前列。到了夏商周时期，中原地区的发展水平显然跃居最高的位置，燕辽和江浙地区则相形见绌了。由一种不平衡状态发展到另一种不平衡状态，可以看作是考古学文化发展的通例。

考古学文化的成分结构与层次结构

考古学文化是一个复杂的共同体，怎样认识这一共同体呢？夏鼐先生曾举例说："我们在考古工作中发现某几种特定类型的陶器和某类型的石斧和石刀以及某类型的骨器和装饰品，经常地在某一类型的墓葬（或某一类型的住宅遗址）中共同出土。这样一群的特定类型的东西合在一起，我们叫它为一种'文化'"①。夏先生在这里提到认识和划分一个考古学文化要考虑到生产工具、生活用具、装饰品、住宅和墓葬等几个方面是十分重要的，但是在实践中往往偏重于几种特定类型的陶器，甚至仅仅根据一些陶片的特征来划分文化或文化期。在考古学发展的初期，这也许是不可避免的。再说在新石器时代到青铜时代乃至早期铁器时代，陶器的确有很大的代表性。它的形态变化丰富而又有规律性，在实际操作中易于把握，这也是人们偏爱陶器的重要原因。但陶器毕竟只是考古学文化中的一个组成部分，它的变化同其他部分的变化有密切的关系，却不一定完全一致。在田野考古已有新的发展，聚落形态研究也已普遍展开的今天，对考古学文化的认识和界定似乎应当提出更高的要求。我想从新石器时代到早期铁器时代，考古学遗存似可划分为五大门类或五个组成部分。一是聚落形态，包括聚落内的房屋、窖穴、水井、作坊等各种遗迹的形态；二是墓葬形制，包括墓地结构及单个墓葬的结构、墓坑、葬具、葬式等方面；三是生产工具和武器，四是生活用具，五是装饰品、艺术品和宗教用品等。后三者都应包括类别和形制特点。如果按五个组成部分各自的特征进行分析，再把它们综合起来，作为识别和界定每个考古学文化的依据，这样的认识应该是比较全面，比较符合客观实际情况，也是比较符合考古学文化的本义的。如果用系统论来处理考古学文化，这五个部分可视为五个子系统，整个考古学文化则为一个系统。如果要进一步探索实物遗存所反映的人类社会的各个方面，则需要有另一种分类方法，例如技术、经济、社会和意识形态等。也可以按照生产力和生产关系、基础和上层建筑、社会存在和社会意识几对矛盾来进行研究。路易斯·宾福德主张将考古学研究的人工制品区分为

---

① 夏鼐：《关于考古学上文化的定名问题》，《考古》1959 年 4 期。

技术经济、社会技术（或社会组织）、意识形态三类，用系统论来观察，三者是考古学文化这个母系统下的三个子系统①。这是把实物遗存同它所反映的社会历史问题相混淆了。因为同一件实物常常可以反映几方面的问题。例如宾福德把皇冠和骑士的漂亮手杖放在社会技术类，实际上两者既反映技术经济（这是不言而喻的），也反映社会问题（它们的使用者的社会地位，王国体制和骑士制度）和意识形态（皇权思想、艺术风格等）方面的问题。所以考古学文化的研究应该分两步走，一是实物遗存的分类研究，二是通过实物可能研究的社会历史问题。不能两步并做一步走，更不可以说某种实物只能反映某一类的社会历史问题。

　　近年来对于考古学文化的研究日益深入，已有可能将其划分为不同的层次。假如我们把文化作为第一层次，文化本身可以分期，下面还可以分为若干地方性文化类型，这已是第二个层次了。例如仰韶文化即可分为四期，最早的半坡期又可分为半坡类型、东庄类型和后岗类型等，其后的庙底沟期和西王期也可分为若干类型。目前我国的新石器时代考古学文化中进一步分期和划分类型的做法非常普遍，只是具体划分方法和所用名称尚未协调一致。有些著作把一个文化内的期别也称为类型；有些文化一时难以分期，只好暂时把不同特征的遗存分别归类，也称之为某某类型。最初把仰韶文化分为半坡类型和庙底沟类型就是出于这样的考虑。国外的一些考古学文化也常分为若干期，有的也分成许多文化相或小区，也就是地方类型的意思。例如日本的绳纹文化分为早、前、中、后、晚五期，近年来又在前面加了一个草创期，每期又分为许多小区，所出陶器多以各小区的典型遗址命名。可见在考古学文化之下，一般都可以划分出第二个层次。

　　地方文化类型并不是划分的终结，它本身仍可分期，下面则可以分为几个小区，这是考古学文化的第三个层次。例如仰韶文化的半坡类型便可分为早晚两期，两者又至少可分为四个小区。如果再进一步分析，每个小区内的文化特征也不完全相同。循此以往，某些地方也许还能划分出第四

① 路易斯·宾福德：《作为人类学的考古学》，《当代国外考古学理论与方法》，三秦出版社，1991 年。

个层次，从而把考古学遗存中所能观察到的共同体缩小到与部落或部落集团大体相当的规模。如果把这种划分层次的方法同聚落形态的研究结合起来，将使复原远古时代的社会历史面貌，探索氏族部落集团的分布、相互关系和发展历史的任务，变成为一种现实可行的方案，而不仅仅是一个美好的愿望。

不仅考古学文化本身可以划分为多级层次，在考古学文化之上也还有不同的层次。例如仰韶文化、红山文化、马家窑文化、大溪文化和大汶口文化等，不但大体上属于同一时代，而且分布区域邻近，相互间有很密切的关系，许多因素相似甚至相同，从而构成为一个特殊的文化群或文化集团。这个文化群不但区别于同时代的细石器文化群，也区别于其他地方的彩陶文化群。龙山文化和同时代有密切关系的其他文化也有类似的情形。这种文化群究竟应给予什么样的名称才算合适，可以暂时置之不论。但它作为一个层次则是客观存在的事实。苏秉琦先生曾经把中国新石器时代到青铜时代的文化分为六大区，又说根据已有的资料可以划分的区域不下十块之多，由此提出了划分考古学文化的区系类型问题①。如果把眼光放得更大一些，还可以概括出更高的层次，终至把全世界分为几个大文化区和大的文化系统。这样，我们就会对全世界的考古学文化有一个系统的了解，对各地居民给予人类文化的贡献，也就可以有较为准确的认识。

把单个考古学文化的研究发展为分层次的研究，进而复原古代社会历史的面貌，特别是复原各个级别的人们共同体的分布、相互关系和发展演变的历史，当然还有许多困难。因为古代社会已经一去不复返了，当时的实物资料只有很少一部分保存下来，考古调查发掘所得到的又只是其中更小的一部分，局限性是可想而知的。再说考古学文化同族的共同体尽管有密切的关系，毕竟还不是一回事，不能在两者间画等号。要通过考古学文化来研究与族类有关的问题，还需要从实践和理论上来加以论证。不过人类社会的历史是有规律地发展的，各项事物的具体表现形式尽管多种多

---

① 苏秉琦：《关于考古学文化的区系类型问题》，《苏秉琦考古学论述选集》，文物出版社，1984 年。

样，总还是有机地联系着的。考古学资料虽然不可能反映当时社会的全貌，总还是那个社会的直接遗留和缩影。通过它不仅对当时社会的许多方面可以有形象的真切的认识，也能了解整个社会大致的轮廓及其发展轨迹，从中得出一些规律性的认识。这应当是现代考古学所追求的主要目标。

六　考古年代学

新石器时代考古的年代学

历史是随着时间的推移而不断发展的，考古学所研究的一切事物，只有依照时间的顺序排比才是可以理解的，因而年代学的研究在整个考古学研究中从来就占有十分重要的地位。对于新石器时代考古来说，年代学的研究也许显得更加重要和迫切一些。因为那时还没有文献记载，不像历史时期的考古那样有现成的纪年资料可以利用；也不像旧石器时代考古那样可以借用第四纪地质年代学的研究成果。新石器时代考古的年代学是在本身的田野工作中逐步摸索和建立起来的，因而最具有考古学的特色。它的发展大体上可分为两个阶段。以 1949 年为界，前段主要依据地层学和类型学建立相对年代；后段则由于碳－14 断代等一系列测定年代的方法相继出现，才使绝对年代的研究成为可能。而将相对年代和绝对年代相结合以建立整个新石器时代的年代学，已成为当前的一项重要的课题。

考古学上所称的相对年代，是指不同的文化遗存孰早孰晚的相对关系。地层关系是确定相对年代的最直接的依据，但只有在同一遗址上才能发生地层叠压或打破关系。要把这种关系引申为不同遗址或不同文化的年代对比，还必须进行类型学研究，即对遗迹、遗物或花纹的形态变化规律进行研究。实践证明，用这种方法确定的相对年代是可靠的。早在 20 世纪 30 年代，梁思永根据河南安阳后岗发现的三叠层，确立了小屯文化（殷文化）晚于龙山文化，龙山文化又晚于仰韶文化的相对年代序列①。50 年代苏秉琦根据西安开瑞庄（即客省庄）三个遗迹相互打破的地层关系，以及三个遗

---

① 梁思永：《小屯龙山与仰韶》，《梁思永考古论文集》，科学出版社，1959 年。

迹中出土的遗物同西安地区其他遗址的对比研究，确立了周文化晚于客省庄二期文化（即文化二），客省庄二期文化又晚于仰韶文化的相对年代序列①。两者都是我国考古年代学研究中的奠基性的工作，其结果至今仍然是有效的。在全国发现众多地层关系和大量遗物的情况下，我们的考古学者运用这种方法，逐步确立了绝大多数新石器文化的相对年代，有些早先建立的相对年代也一再受到检验，从而使我们得以对全国新石器文化的发展序列有一个基本的认识。

这种方法也有其难以克服的局限性。第一，它只能应用于同一文化或相近文化的分布范围以内，如果两个文化相距较远，文化面貌又十分不同，就无法进行类型学的对比，因而也就无法确定其相对年代。第二，它所表示的年代只是相对早晚关系，不能说明相隔多长的时间。可以相差很多年，也可以只隔很短的时间。过去英国的皮特里（F. Petrie）在研究埃及考古时，曾经试图弥补这一缺陷而设计过一种序数年代或假数年代。他假设古代埃及的年代为一百，中间分为若干期，每期根据其物质文化变化的程度各给予一定的年代假数，使人多少有点时间长短的概念。他依据陶器和石制容器的变化分出从 30 到 80 的间隔，30~45 为黑陶和红陶时期，45~50 为灰黄陶和红陶时期，50~80 为红铜时期。前后各留下一段空白以便日后有新的发现可以填补上去②。但是物质文化有时变化得快，有时变化得慢。用变化的大小程度来量度时间的长短本身就是有问题的，何况它同真实年代仍然没有联系，所以后来没有人采用他的办法。克服这一缺陷的方法只能是绝对年代的研究。

所谓绝对年代是指以太阳年为计算单位的年代。比如说仰韶文化大约在公元前 5000~前 3000 年，良渚文化大约在公元前 3300~前 2000 年等，虽然不是很精确的，总还可以给人以比较明确的时间概念。

从前绝对年代的研究主要依靠文字记录，对于史前时期虽然也做过种种努力，终究收效甚微。自从美国物理学家利比于 1949 年创立碳 – 14 断代方法以来③，绝对年代的研究已有很大的进展，陆续又发展了许多新的断代

---

① 苏秉琦：《西安附近古文化遗存的类型和分布》，《苏秉琦考古学论述选集》，文物出版社，1984 年。

② W. Flinders Petrie, *Methods and Aims in Archaeology*, London, 1905.

③ W. F. Libby, *Radiocarbon Dating*, Chicago Uni. Press, 1952.

方法，碳－14方法本身也有了许多改进，测定的精确度越来越高，可测年代的幅度也越来越大，已成为考古年代学研究不可或缺的重要手段。

碳－14是碳的放射性同位素之一，半衰期大约为5730±40年，在空气中一般以二氧化碳的形式存在，其含量约占碳总量的十万亿分之一。如果碳－14只是放射而不断衰减，它在碳的总量中的比值就会逐渐降低。但是因为高空宇宙射线产生的中子流不断撞击游离的氮，使它转变为具有放射性的碳－14。这样一减一增，便能大体上取得平衡。地球上的生物因为要呼吸和吸取碳水化合物的养料，不断与空气中的碳进行交换，故其碳－14的比量与空气中的比量基本保持一致。一旦生物死亡，与空气的交换即行终止，而体内碳－14的衰变仍然不停，并以其固定的半衰期的速度逐年递减。如果采集到古代的有机标本如木块、木炭、果核、骨骼或贝壳之类，并测量其中所含碳－14的比量，就可以反过来推算出标本死亡的年代。借助于被测标本所在的地层单位，又可通过共存关系推知有关考古遗存和所属文化的绝对年代。

碳－14断代方法产生之后，通过对一些已知年代的标本的测量，发现同真实年代不尽一致，其偏差似有一定的规律性。后来发现，太阳上的黑子活动，宇宙间超新星的爆发和地球磁场的变化，都会影响大气中碳－14的比量，从而直接影响到年代换算的准确性。补救的方法就是用有真实年代记录的标本进行校正，而应用最广的是用树木年轮年代校正。人们制定了各种各样的校正曲线、校正公式和校正表。目前国内流行用1972年公布的达曼校正表，它有一个中心值，符合一般人的心理习惯，但从准确性来说并不能认为是最理想的表现方式。1982年公布了根据国际碳－14年代校正专题会议决议而建立的新校正表[1]。该表采用了可置信的年代区间表示法，它同1973年公布的拉尔夫校正表比较接近。

碳－14年代除了需要校正上述误差外，还要考虑因同位素分离效应引起的误差，测试时间及温度不同引起的误差，设备精确度不同引起的误差，以及因计算衰变规律而引入的统计误差等。由于这些误差难以消除，使得

---

[1]　*Radiocarbon*, 1982, Vol. 24, No. 2, pp. 103－150.

碳－14年代很难达到十分精确的程度①。

在有些场合，碳－14年代的误差是由于考古工作方面的原因造成的。如果采集标本的方法不当或不够小心而受到了现代碳的污染，年代就会偏近；如果在石灰岩地区或火山多发地区，容易受到古代死碳的干扰，年代就会偏老；如果标本是长生命物资如木头、木炭之类，靠近树心的年代就比靠近表层的年代要早；有些树木早经砍伐，过了很久才被利用，它所代表的年代自然比所属遗迹为老。还有一点也是十分重要的，就是在文化层中，下层的标本可能被扰动而混入上层。如果是特征明确的遗物，可以通过类型学排比予以纠正；但如果是木炭、骨骼、贝壳之类的东西，就只好作为上层标本处理，而它们的实际年代则至少要早到下层形成的时期。鉴于有这些情况，除了在采集标本时必须尽量防止现代污染外，在引用已经测过的碳－14年代时，不能不逐个地加以分析，以便把干扰缩小到最低限度。

为拓展碳－14测年的方法，近年来又发展出用加速器质谱计数的方法，简称为 AMS 法（Accelerator mass spectrometry）②。而原有碳－14测量的方法则被称为常规碳－14断代法。两种方法都是测量标本中碳－14的比量以推算其年代的。两者的不同在于常规法是用探测器记录一定量的样品在一定时间内碳－14原子衰变的数目，可称为衰变计数法；而加速器质谱法是将加速器同质谱仪联合起来并加以改进，成为超高灵敏度的质谱仪，可以直接测量样品中所含碳－14原子的数目，可称为原子计算法。因为碳－14的半衰期为5730±40年，假如样品中有一万一千多个碳－14原子，用常规法在一年中才能记录到一个原子的衰变。这就要求测量的样品量较大，测量的仪器要特别精密，否则就会出现较大误差，乃至根本无法测量。而原子计数法是直接计算碳－14的原子数。距今4万年的一克碳样品中有碳－14原子4.7亿个，在一小时中衰变的原子则只有6.48个。所以原子计数法所需要的标本量很少，一般有千分之一克就可以了，而测量的年代则可以扩展到7.5万年以至10万年的范围以内。

这一方法的优越性首先在于它大大拓展了可测标本的范围。在考古发掘

---

① 仇士华等：《中国碳十四年代学研究》，科学出版社，1990年。
② 仇士华：《碳十四断代的加速器质谱计数方法》，《考古》1987年6期。

中常常难以采集到常规碳－14方法所需要的标本量，即使采到了足够的样品，在许多情况下难以判断是处在原生地层还是下层扰上来的。这使常规方法的应用受到很大的局限。而加速器法所需样品极少，常常可以直接测量用常规方法无法测量的珍贵标本。例如早期的谷物标本是探讨农业起源的重要资料，为了防止晚期混入的可能性，直接测量谷物本身就可以了；为了断定某些关键性甲骨文的年代，只要取一点甲骨片的碎末就可以了。判断某些炊器的年代，刮一点外面的烟炱或里面的锅垢就足够了。由于测试的标本就是考古学研究的重要遗物，即使脱离开地层也无妨碍，这就可以使考古年代学建立在更加准确可靠的基础上。不过由于所需标本量极少，稍有污染就会产生很大的误差，所以从采样、制靶到测试都要严格按规定操作，不能有一点马虎。

加速器质谱的碳－14断代法虽然有很大优点，但因设备昂贵，一般实验室难以配置。我国目前常规碳－14实验室已有50多个，大部分用于地质年代测定，用于考古年代测量的也有好几家。而加速器法仅有北京大学重离子加速器实验室兼测一些考古与地质标本。随着科技事业的发展，测量精度的不断提高，今后的应用前景还是很广阔的。

测量新石器时代考古标本年代的另一较有效的手段是热释光断代法（Thermoluminescent dating）。它的基本原理是这样的：在泥土和许多造岩矿物中都含有微量放射性物质，它们放出的粒子撞击周围的原子，使其外围的电子跃迁到亚稳层。如果把标本加热到400℃以上，那么处在亚稳层的每一个电子就会放出一个光子并回复到原来的位置。当陶窑或炉灶使用时，或者陶器在入窑烧成时，都会远远超过400℃的温度。这时所有处在亚稳层的电子都会回复到原来的位置。以后烧土和陶器中的微量元素继续以一定的年率放射粒子，使相应的电子跃迁到亚稳层。若干年后，用人工方法加热标本，用光电倍增管计算所放出的光子数目，就可以换算出炉灶或陶器烧成的年代。

这个方法至少有三个优点：第一，可供测试的标本甚多，只要是曾被烧过的泥土或岩石，都可以作为测量的对象。而这在新石器时代是十分普遍的，不像碳－14法的标本那样难于采集。第二，热释光法所测的陶器本身就是类型学研究的主要对象，所测年代直接就是陶器的年代。不像碳－14法要求的有机碳标本那样可能与共存的遗迹、遗物的真实年代不一致，也不会受到大气中碳－14比量变化的干扰。第三，一般地讲，年代越古的标本，可能记录的热释光越多，计算的误差会越小。不像碳 – 14 标本那样年代越古含量越少，测试越困难，计算的误差越大。由于这样，碳 – 14 法测量年代的幅度不能不受到很大的限制，一般难以超过四万年；而热释光法所测年代可达数十万年甚至更长。热释光的这些优点既然都是碳 – 14 法的缺点，所以人们乐于发展这种技术，以作为碳 – 14 法的补充。自从 1966 年首次发表用于考古断代的结果以来，已经有许多地方进行了试验和应用。

热释光法同碳 – 14 法一样，都是利用某些物质的放射特性来计算时间的，人们往往称之为核子钟。正如所有核子钟都存在着许多难以克服的困难一样，热释光法也有许多缺点和麻烦之处。首先是它本身存在着非线性和反常衰变，其次是样品周围土壤的含水量和氡气的逸失问题，都能影响所测年代的精确度，其误差比碳 – 14 年代的误差要大许多。

除了以上几种方法外，测量新石器时代的年代还可以用考古地磁法、黑曜石水合法、氨基酸法和电子自旋共振法等①。考古地磁法是根据泥土中所含铁分子在加热时活跃起来，并按当时的地磁方向排列，冷却后即固定不变，而地磁本身的倾角、偏角和强度仍将不断地发生变化这一现象来制定的。如果根据已知年代的样品建立标准的随时间变化的实验曲线，那么反过来根据所测标本剩磁的参数，即可换算出最后一次被烧的年代。这个方法适用于陶窑、炉灶、被烧毁的房基土等标本的测量。由于实验曲线本身不可能十分精确，故换算出来的考古地磁的年代也有比较大的误差。

黑曜石水合层法测试的对象是用黑曜石制造的石器，它埋在地下后可以同水分子发生水合作用。经验证明水合层厚度的平方与时间成正比。精确测量黑曜石水合层的厚度，可以推知它埋入土中的年代。因为水合作用随温度的高低而发生变化，所以测量年代的准确性比较低。

氨基酸法的原理是，动物死后，其骨骼中的氨基酸旋转方向因消旋作用而改变的比率随着年代的推移而改变。如果测量骨骼中的氨基酸旋转方向改变的比率，就可以推知它的年代。这种方法在美洲考古研究中应用较多，但问题也不少，至今尚没有被多数考古学家所接受。

现在新的测量年代的方法还在不断涌现，已有的方法也都在不断改进

---

① 李士、秦广雍：《现代实验技术在考古学中的应用》，科学出版社，1991 年。

之中。尽管每种方法测出的结果都有误差，甚至是比较大的误差，总还可以告诉我们一个大致的年代的幅度。如果把几种方法测得的结果加以比照，哪些较为可靠，哪些还有问题，就会看得比较清楚。因此，积极发展各种测量年代的手段仍是很重要的一项工作。

如上所述，相对年代和绝对年代的确定都有其优点，又都有其局限性。如果把两者结合起来，就能发挥各自的优点而避免某些局限性。现在我国新石器时代的许多文化都已有比较可靠的分期，也就是确立了每期文化的相对年代；而已经测定绝对年代的标本还不够多，分布也很不平衡。如果把两者结合起来，那么每期文化就只需要测量为数不多的标本。其余大量的遗址虽然没有测量数据，只要是属于同一文化期，完全可以估定其绝对年代。有些文化期即使没有测过任何标本，只要其先行和后续文化期都已测过，那么中间这一期的绝对年代也就不言而喻了。有些绝对年代数据的误差较大，如果与经由地层学和类型学研究确定的相对年代发生矛盾，应该以相对年代为准来进行适当的调整。如果同一文化期测量了许多标本，绝大多数数据相互接近，只有个别数据相差甚远，就要舍弃后者而不要同其他数值进行平均计算。

有了不受地区性因素影响的绝对年代数据，就可以避免地层学和类型学的局限，使远地文化的年代对比建立在科学的基础上，从而大大改变了过去的一些不正确的传统观念。过去总以为日本的陶器发生得晚，现在根据碳–14、热释光和黑曜石水合层等多种方法的测量，都证明日本在一万多年以前就已经有了豆粒纹和隆线纹陶器。而一向被认为是新石器时代革命最早的西亚地区，陶器的发生反而比日本晚几千年。过去有人认为河南彩陶是从甘肃传播过来的，实际上河南和陕西彩陶发生的年代远比甘肃为早，传播方向应该是从东向西而不是相反。过去认为水稻起源于印度，或者起源于阿萨姆到云南的山地，现在长江流域发现的水稻遗存远远早于那些地区，长江起源说已被学术界普遍接受。这类的例子实在太多，充分说明碳–14等绝对年代的研究对于新石器时代考古学具有十分重要的意义，它使我们有可能重新构筑史前文化发展的谱系。如果说以碳–14方法为代表的绝对年代测量方法引起了史前考古的革命性变革，是毫不夸张的。而创立碳–14方法的利比因此而获得了1960年的诺贝尔奖，也是应得的荣誉。

七 定量考古学

现代考古学研究方法之一：定量考古

　　陈铁梅教授积二十多年从事定量考古学的研究心得和教学经验，老当益壮，以惊人的毅力写成了《定量考古学》一书。他拿着厚厚的一叠书稿给我，命我作序。我虽然不懂数学，看他的书稿也有些吃力，但仅凭一点数学常识也知道定量分析在考古学研究中的重要价值，所以很乐意在这里写几句话。

　　在人文科学中，考古学是应用自然科学方法和数学方法最多的一个学科。考古学是通过实物资料来研究历史的。所有实物资料都是有形和可以量度的，量的关系乃是各种事物之间的十分重要的关系。通过量的关系的考察可以揭示事物的本质属性和特征，这是定量考古学得以产生和发展的客观基础。由于考古学研究的人类历史有数百万年，在这漫长的岁月中，反映人类社会历史的实物遗存不断积累又不断遭受自然与人为的破坏。考古学家的任务就是根据残剩下来的实物遗存来尽可能地再现已经消逝的历史。实际上这只是一个不断追求的学科的目标，要真正做到谈何容易！可是考古学家和相关的学者就是那么锲而不舍，孜孜以求，运用各种方法，包括数学方法来进行探索。残剩的实物遗存绝大多数已经掩埋在地下，需要考古学家去寻找。寻找固然要有一定的方法，更需要一个过程，一个永无止境的过程。你不可能把所有实物遗存都找到，找到的部分跟实际存在的部分是什么关系？这里便有一个概率问题。实际存在的部分跟被长期破坏之前原本应有的部分又是什么关系？也有一个概率问题。根据找到的遗址固然可以研究某些历史问题，但要了解得清楚一些或真实一些就必须发掘。你不可能把所有找到的遗址都发掘完，选择那些遗址进行发掘以及发掘遗址的那个部位，在一定程度上说是随机的。发掘的结果能在多大程度上反映遗址的整体情况，还是有一个概率问题。

在整理资料进行器物排队和分期研究时也常常遇到概率问题。比如有两种器物共存，我们说两者有同时的可能性，如果有两次三次共存，就意味着同时的可能性比较大。如果共存的次数再多一些，意味着同时的可能性更大一些，或者用很可能、十分可能、非常可能等词语来加以说明。共存的次数达到一定数目，我们就说两者可视为同时或就是同时。这当然也是一个概率问题。我们用的词语再丰富也总是有限的，不够确切的。如果用数学逻辑来思考并用数学语言来表述就会明确得多。天气预报说今天有雨，降水概率为80%，而不说有很大可能性，就是这个道理。不过我们要明白的是，概率表述再明确也是统计性的而不是绝对的。降水概率80%自然不是降80%的水。回过来说用共存关系来判断同时性的问题。如果有三件或更多的器物共存，只要重复一两次，凭经验就可以知道它们同时的可能性非常大。共存的器物越多，需要重复的次数越少。为什么会是这样，道理很难说得清楚，可不可以用概率统计来加以说明呢！

其实考古学研究中需要运用数学的地方多得很，方法也不止概率统计一项。所有实物遗存都需要测量。大到遗址的形状大小及与其他遗址的关系，遗址中房屋、灰坑、窖穴、墓葬、城墙、壕沟、道路等等的形状大小、分布状况及相互关系，小至一件器物的形状、大小、厚薄和各种比例关系，人体和动物骨骼测量中的各种数据和比例关系等等，在需要用数字、图表和必要的运算来加以说明。许多难以直观做出判断的事例，通过数学演算就可以有比较清晰的认识。问题在于并不是所有数量关系都可以通过初级的四则演算就可以解决问题的，这就需要考古学家学一点数学，学一点数理统计的知识。现在已经有一些学者试图用数学方法来研究考古学中的一些问题。例如对某些器物的类型学研究，对史家等地墓葬分期的研究，区域调查中对大量遗址及其关系的多角度研究，通过对陶瓷器或青铜器化学元素和微量元素组成的数值变量来追溯原料产地的研究等等，都进行过一些有益的尝试。在体质人类学、动物考古学、植物考古学和地质考古学的研究中更是离不开数学方法。这些研究有的明显深化了原本的认识，有的更开拓了新的研究领域。但也有一些研究与传统方法得出的结论不一致，甚至与常识相悖。出现这种情况可能有不同的原因，而大多数情况是对考古资料的性质认识不清，运算的前置条件设置不恰当，或者不适于用某种数学方法来处理。因此一些考古学上的问题能不能用数学方法处理，或者用何种数学方法来处理，也是考古学研究本身的问题。本书作者一再呼吁考古学家要学习和掌握基本的数学方法，正是看到了问题的症结所在而发出的肺腑之言。

　　本书针对大多数考古学者不甚熟悉数学方法的情况，从基本概念讲起，由浅入深地讲述考古资料定量研究的各种方法。每种方法又着重讲述基本原理、应用范围和应用方法，讲明应用这些方法的前提条件，同时说明要正确解读定量分析的结果。所有这些都结合了考古学研究中的实例，读起来不觉得枯燥和深奥难懂，反而令人有似曾相识或恍然大悟的感觉，能够引发人们运用数学方法的兴趣和自觉性。作为一部专著，本书很好地总结了我国定量考古学进展的情况、取得的成果和存在的问题，同时介绍了国外的有关情况以供参考。内容充实，逻辑严密，图表配合也很好，在国内是第一部全面论述定量考古学的力作。作为一部教科书，本书比较全面地讲述了定量考古学的基本原理和方法，包括使用相关软件的方法，由浅入深，循序渐进，书末还附有相关的习题，非常切合高等学校的教学和有一定基础的考古人员的自学之用。我希望本书的出版将有助于提高考古专业的定量考古学教学水平，同时吸引更多的考古人员学习和掌握定量考古学的方法，促进我国定量考古学的发展，最终为提高我国考古学研究的水平而做出贡献。

　　（本文为陈铁梅著《定量考古学》序，北京大学出版社，2005 年）

八　聚落考古

聚落考古与史前社会研究

  聚落考古是以聚落遗址为单位进行田野考古操作和研究的一种方法。称谓不一，定义也不尽一致。有的叫聚落形态研究，有的叫空间位置分析等。特里格尔说，聚落考古是"用考古的材料对社会关系的研究"①。张光直说："聚落考古是在社会关系的框架之内来做考古资料的研究"②。总之他们都认为聚落考古是一种社会考古学的研究方法。但聚落考古也特别强调聚落与生态环境的关系，所以也有环境考古学的研究内容。倒是美国聚落考古的开拓者威利的说法比较全面，他给聚落形态所下的定义是："人类将他们自己在他们所居住的地面上处理起来的方式……这些聚落要反映自然环境，建造者所实用的技术水平，以及这个文化所保持的各种社会交接与控制的制度"③。此外，大家都同意聚落考古只是一种手段，一种方法；而不是某种高层次的理论，也不是独立于传统考古学之外的另外一套方法论体系。

  聚落考古在美国的考古研究中是一种比较热门的方法。美国学者一般认为威利在 1953 年发表的《秘鲁维鲁河谷史前的聚落形态》④ 是聚落考古

---

①   B. G. Trigger, Settlement Archaeology—its Goals and Promise, *American Antiquity* 32(1967), p. 151.

②   张光直：《考古学专题六讲》86 页，文物出版社，1986 年。

③   G. R. Willey, Prehistoric Settlement Patterns in the Viru Valley, Peru, *Bulletin* 155, Bureau of American Ethnology, Smithsonian Institution, 1953, p. 1.

④   G. R. Willey, Prehistoric Settlement Patterns in the Viru Valley, Peru, *Bulletin* 155, Bureau of American Ethnology, Smithsonian Institution, 1953.

的奠基性著作。不过他们在追溯聚落考古的起因时往往要提及 20 世纪 30 年代柴尔德（V. G. Childe）的著作。当时柴尔德曾多次提出要改变那种仅仅研究文化分期、年代、起源、发展与相互关系的所谓文化史的研究方法，而要努力去研究人，研究社会。只是他自己的田野考古实践并不很多，他的这些想法主要地不是产生于自己的考古实践，而在很大程度上是受到了苏联考古学影响的结果。

　　从 20 世纪 20 年代末到 30 年代初，苏联考古界酝酿着重大的变化。一批年轻学者起而批评传统的考古学是单纯器物观，批评类型学是用生物学观点解释历史的庸俗进化论，提出要用马克思主义指导来研究考古学，特别是要研究人和人的社会①。尽管他们自己对马克思主义和考古学都谈不上有多么深的研究，他们的批评也不免有片面和过于武断的地方。但他们思想敏锐，富有革命热情和实践精神，在考古学的发展史上仍然做出了一定的贡献。其中一项突出的事例便是对乌克兰境内特里波列文化的研究。特里波列文化早在 19 世纪就由赫沃伊科等人进行过考古调查和研究，但得不到要领。苏联的年轻学者决定开展大规模的田野考古工作，以便用新的观点重新研究特里波列文化。当时由苏联科学院和乌克兰科学院联合组成了特里波列考古队，从 1934～1940 年期间进行了一系列考古调查与发掘，揭示了属于特里波列中期（BⅡ期）的科罗米辛Ⅱ和符拉基米罗夫克以及特里波列晚期（CⅠ期）的科罗米辛Ⅰ等许多铜石并用时代的聚落遗址，同时对早年发掘的皮亚尼什科夫（BⅡ期）等聚落遗址也有了全新的认识②。科罗米辛Ⅰ共有 39 座房子，围成内外两个圆圈。由于在房子内发现了妇女塑像，曾被解释为母系氏族社会的典型聚落遗址。符拉基米罗夫克位于布格河流域，遗址面积达 800×900 平方米，是特里波列文化中最大的村落遗址。1940 年发现有房屋 154 座，后因卫国战争中断。1946 年又发掘了 15 座房子，加上调查资料，可知该遗址至少有 200 座房屋，分为几个圆形区。发掘者认为是由于氏族不断扩大分化在聚落形态上的反映。

---

① 　B. A. 布尔金等：《苏联考古学的成就和问题》，《史前研究》1985 年 4 期。
② 　T. C. 帕谢克：《特里波列文化的分期》，《苏联考古学资料与研究》第 10 册，苏联科学院出版社，1949 年。

为了更好地研究聚落遗址所反映的社会组织状况，特里波列考古队在田野考古发掘中进行了一系列改革，创立了按坐标划分探方以便进行大面积揭露的方法。后来在别的国家也陆续采用了类似的方法。由此可见苏联是最早采用聚落考古的方法的，只是那时主要是对单个聚落进行研究，很少注意聚落之间的关系和聚落形态的历史演变。应该指出的是，苏联的聚落考古是在马克思主义社会发展史理论的框架下进行的；而美国的聚落考古则是在新进化论和文化人类学理论的框架下进行的，所以经常采用人文地理学和民族学关于聚落研究的模式来解释考古资料。两者不尽相同而又有相通的一面。

我国在 50 年代全面学习苏联，考古界也不例外。就聚落考古而言，1954～1957 年西安半坡的发掘是最有代表性的一项工作。当时为了把工作做好，曾经相当详细地介绍了特里波列的考古发掘方法及其所取得的成果，并且尽可能地用来指导半坡的考古工作。发掘者意识到他们揭示的将是一个繁荣的母系氏族公社的聚落遗址，最后出版的发掘报告也正是以这样的成果形式奉献给读者的[1]。从这个意义上来说，半坡的发掘可以算是我国聚落考古的开始。不过半坡是一个延续时间很长的多层遗址，包括了仰韶文化从早至晚的各个时期。如果从聚落考古的角度来看，那里应该有先后相继的几个聚落而不是一个聚落，这是和特里波列很不相同的。可惜发掘者在这一点上没有给予足够的注意，以至造成一定的失误[2]。不管怎样，半坡的发掘在我国新石器时代考古历史上还是具有划时代意义的。后来对宝鸡北首岭、华县元君庙、华阴横阵村乃至临潼姜寨等一系列仰韶文化遗址或墓地的发掘与研究，都可以说是半坡式聚落考古的继续与发展。

到 80 年代，通过张光直等人在北京大学的讲学，比较全面地介绍了美国聚落考古的情况[3]，从而又推动我国聚落考古的进一步发展。北起辽宁和内蒙古，南到长江流域以及广东，到处都展开了聚落考古的实践活动，同

---

① 中国科学院考古研究所等：《西安半坡——原始氏族公社聚落遗址》，文物出版社，1963 年。

② 严文明：《半坡仰韶文化的分期与类型问题》，《仰韶文化研究》，文物出版社，1989年。

③ 张光直：《考古学专题六讲》86 页，文物出版社，1986 年。

时也发表了一些聚落考古的研究文章。不过由于涉及范围非常广阔，各人对聚落考古的理解并不完全相同，具体做法也有差异，需要在适当的时候讨论一下。1993 年 3 月 16 日，我曾在珠海平沙召开的全国考古工作汇报会上作了"考古学的聚落形态研究"的报告，主要是结合中国考古学的实际情况谈了一些自己的看法，得到与会许多朋友的热情鼓励与响应。现在由文物杂志编辑部召集全国各地处在聚落考古第一线的各位学者一起来汇报成绩，交流心得，总结经验，是一件非常有意义的事情。我希望大家能够讨论一下，看看我们过去到底有哪些成功的经验，有些经验能否上升到方法论的高度来加以认识？实践中还有哪些问题和不足之处，如何克服这些问题以便改进我们的工作？本着这个精神，我不揣冒昧地再就有关问题谈谈自己的看法，作为交换意见的基础。

所谓聚落考古，一般应包含三个方面的内容。即（1）单个聚落形态和内部结构的研究，（2）聚落分布和聚落之间关系的研究，（3）聚落形态历史演变的研究。三个方面是既有区别又有联系的。我就按这三个方面来谈一些不成熟的看法。

1. 单个聚落形态和内部结构的研究

聚落，中国古代一般指村落或人们聚居的地方。汉代就有聚落的名称，例如《汉书·沟洫志》说"稍筑室宅，遂成聚落"。《史记·五帝本纪》有"一年而所居成聚"的说法，张守节正义说："聚，谓村落也"。《左传·庄公二十五年》又有"城聚"一名，是城也可以包括在聚落之中。而英语Settlement 也是指聚居地或村落，有时也把城镇包括在内。考古学所研究的聚落实际上是指聚落遗址，而一个考古学遗址不一定就是一个聚落遗址。这一点要特别提请注意。且不说有些考古学遗址如像铜绿山那样的矿冶遗址或古战场遗址等根本不是普通意义上的聚落遗址，就是一般的考古学遗址，本来是聚落所在地，也会因为具体情况不同，有的可能只有一个聚落，有的可能先后存在过几个聚落。在后一种情况下，有的位置变动很小，有的虽有较大的变动，而从考古学遗址的角度来看，只要是连成一片的就可以算是一个遗址。例如当年梁思永发掘安阳后岗遗址时发现了小屯、龙山与仰韶文化的三叠层，但三者的空间分布范围并不一样，只有一部分是相互叠压的。即使每一个文化期只有一个聚落，每个聚落的面积自然比整个后岗遗址小得多。明白了这个道理，就不能把考古调查中发现的一个个遗址直接看成是一个个聚落遗址，进而论述某种聚落形态或聚落之间的关系等等，否则就不可能得到正确的认识。

假定一个考古学遗址先后有不同的社群居住，时间不相连续，聚落本身自然也不相连续。这种情况在考古发掘时是容易从地层上区分开来的。假定一个考古学遗址只有一个社群居住，时间较长，社群本身也小有发展变化，反映在聚落形态上自然也会有些改建、扩大等情况。只要基本的格局没有发生本质的变化，还是应当作为一个聚落遗址来对待。这个聚落存在期间所发生的变化，也是可以通过地层学的方法等观察出来的。

有些聚落，特别是城镇一类的聚落，当被新的人群占领或仅仅换了统治者时，旧有的房舍往往会继续沿用一个时期，而后才开始比较彻底的改造。有时甚至仅有不大的变动而不进行彻底改造。在这种情况下，聚落形态的变化同聚落使用者的变化会形成不整合的现象。在研究夏、商或商、周交接时期一些城址的性质时，应该估计到这种可能性。当然也不排除占领者一开始就乱拆乱建、大兴土木的情况。

在一般情况下，单个聚落形态的研究至少应包含三个方面。一是整体形状，二是聚落内各种遗迹的形态，三是聚落布局或聚落内部各种遗迹相互联系的方式。

影响整体形状的主要有两个因素。一是地理位置和地形，二是社会组织结构。房屋建筑的形状有时也会影响到聚落整体的形状，例如长屋就不大容易围成圆圈。

地理位置和地形影响聚落形态的情况是到处可见的。例如河旁或道路旁边的村镇常常呈长条形，山坡上的村落常常按等高线排成若干弧形，平原地带则容易形成圆形、方形或两者的变化形式。此外在河口多见贝丘遗址，海湾时有沙岗遗址等，则是在特殊地理位置的特殊生态环境在聚落形态上的反映。

社会组织结构对聚落整体形状的影响不如对聚落布局和内部结构的影响那么明显，但也可以看到一些迹象。例如北方新石器时代中晚期的聚落常呈圆形或椭圆形，后来变成不大规则甚至呈散点形，再后出现的城址又变成方形或稍稍变动的形式，就不能说与社会组织结构的变化没有关系。

聚落内部的遗迹有许多种，不同聚落内部的遗迹也有很大差别。比较常见的有房屋、灰坑、手工业作坊、牲畜圈栏、宗教遗址、给排水工程、交通和防卫设施等。有时还包括墓葬。

房屋是最复杂又最能反映社会面目的一类遗迹。房屋中最多的是住宅，此外还有库房、作坊、宫殿、衙署、庙宇、商店等许多种。住宅的形态也是很复杂的。因为自然环境不同，黄河流域及其以北的史前文化中常见地穴或半地穴式建筑，黄土地带还常见窑洞式建筑。长江流域及其以南的史前文化则多地面起建的房屋，有时在沼泽或河湖岸边还采用干栏式建筑，即一种架在桩柱上的悬空式房屋。浙江余姚河姆渡遗址就发现了一群干栏式建筑的遗迹，其中保存甚好的桩柱和地板、梁架等木构件就有数千根之多。地穴和半地穴式房屋便于造单间的，而地面或干栏式建筑则便于造多间式长屋。所以北方史前文化多见单间房屋，而南方则常见分间屋以至有许多间的长屋。

在相同的自然环境条件下，往往因为文化传统、居住者的家庭状况和建筑技术水平等方面的差异，使得住宅的形态各不相同。例如仰韶文化早期西部的房子多为方形或长方形，东部则多为圆形的。直到龙山时代，西边的客省庄二期文化和齐家文化仍多是方形的，东部的后岗二期文化也还是圆形的房子。这很明显是不同文化传统的反映。

仰韶文化早期居民最基本的住宅就是小型方屋和小型圆屋。能不能通过对这种房屋的研究来了解当时的家庭乃至婚姻状况呢？我们曾经作过试探。这类房子现已发掘了将近300座，多是一个空空的房间，很难了解更多的情况。幸好在半坡、姜寨等地发现过少数被火烧毁而室内器物来不及搬走的房子。我发现那些器物基本上分布在进门的右侧，左侧往往有一块约2米长、1.5米宽的空地。有的房子在左侧还有低矮的土床，上面也从来没有发现器物，可见这是睡人的地方，其面积只能容两三人。这是一个非常重要的信息，说明一座小房子的居民不大可能是一个完整的家庭。因为一个比较完整的家庭一般要包括三代人，人数当有四五人以上。考虑到每座房子都有灶，有炊器和饮食器，而粮食储备很少，仅用陶罐装些小米或螺蛳之类，也不像是一个完整的消费单位。这样看来，一所小房子的住民有可能是过对偶婚姻生活的夫妻和他们的婴幼儿，老人和较大的孩子可能要住中等房子或其他小房子。对于中等房子的分析也支持了这一看法①。这种分析方法等于是找到了解开仰韶文化早期社会和家庭、婚姻形态的一把钥匙。因为过去许多人以为一座房子就是一个家，至于究竟是怎样的一个家，各人看法很不一致。有人说大概是一个对偶家庭，有四五个人；有的说还要多，可能有一二十人，是一个大家庭。他们说原始社会生产技术水平那么低下，盖一座房子很不容易，哪能像我们现在住得那么宽敞？从前彝族的穷苦人披个麻袋在屋檐下一蹲就能睡一夜觉，仰韶一二十平方米的房子不是足以蹲一二十人吗？这从表面看起来也好像有些道理。如果全部都是空房子，就没有法子驳倒这些似是而非的说法。可见那些被偶发事件摧毁而保存了室内设施原有状况的房屋，是一种非常珍贵的资料。在田野考古工作中一定要仔细清理，如实地记录、测绘和照相。须知在史前聚落中，这种被偶发事件（火灾或者别的灾变）摧毁而保存室内设施原状的情况尽管不是太多，却也不是个别事例。仰韶文化早期有，后期也有，大汶口文化、马家窑文化、内蒙古的海生不浪文化等也有。对这种房子的研究乃是聚落考古的一项非常重要的内容。这种方法还可以推广到对其他房屋遗迹的分析中去。尽量寻求直接的证据而不是想当然，也不是随便拿个民族学例子去套，乃是确定各类房屋性质和功能的最有效的方法。没有直接证据的那些空房子，则可以根据它们的形制采用类比的方法来加以推断。这样整个一盘棋就走活了。对于其他遗迹的性质和功能的确定，同样需要有足够的证据。例如某些新石器时代的石器作坊，如果只剩下一个空房子，就跟简陋的住宅非常相似。只是地面不大平整，也没有灶。稍不注意就会做出错误的判断。那些没有经过太大扰动的作坊，一般会有许多原材料（多为砾石）；有打坯的石砧，砧上常见有打击的酥点；有大小石锤，大锤打坯，小锤琢平；有半成品、残次品和大量废料（石片和碎渣等）。有的作坊中还有砺石或砥石，甚至有管钻留下的石芯。这些都要详细清理、编号、记录、绘图和照相，还要对当时的工作状况进行认真分析。有的发掘者只采集成

---

① 严文明：《姜寨早期的村落布局》，《仰韶文化研究》，文物出版社，1989 年。

形的石器，至多包括半成品和残次品，而不理睬数量最多的原材料和废料，更不注意所有遗物的分布状况和它们之间可能的联系，结果就失去了判断为石器作坊的依据。旧石器时代的石器制造场同样要仔细清理，对各种石制品（石核、石片、半成品和碎渣等），都要一一编号，并仔细画出分布图。有些石片还要进行拼合。据说河北泥河湾一个旧石器制造场的石制品拼合率曾经达到了14%，那已是很高的水平了。

对各种遗迹的性质和功能基本确定以后，再来谈聚落布局和聚落内部各种遗迹的联系方式就有了比较可靠的基础。

仰韶文化早期的聚落往往分为居住区、生产区和丧葬区三个部分。例如半坡的生产区即烧制陶器的窑场在居住区的东边，丧葬区在居住区的北边。姜寨和北首岭等处也有类似的情况，只是各区的方位有所不同。这给人一种强烈的印象，好像一个聚落中的人群都是生于斯、长于斯、死于斯、葬于斯的，他们是过着一种相对独立的自给自足的生活方式的。不过仰韶早期的遗址数以千计，其中发现了墓葬的还不到十分之一。主要原因是墓葬不容易发现。因而考古调查和局部发掘所见的情况不等于实际应有的情况。其次也不排除几个村子共用一个墓地。不论怎样，墓地与住地究竟是什么样的关系，恐怕不能简单地配伍而要进行具体分析。

居住区有时是一个整体，有时则分为几个部分。例如姜寨就分为五个部分，每个部分有一座大房子、两三座中等房子和一二十座小房子，形成相对独立的一组。五组房子围成圆形，门向中央，相互之间有明显的间隔。如果没有统一的社会组织，这样有严格规划的布局是不可能形成的。半坡和姜寨等聚落在居住区旁边有许多瓮棺葬和窖穴，它们是成群分布的。在姜寨，每组房子间都有四五群瓮棺，也都有四五群窖穴。从分布状况很难把它们全部看成是先后相继的。换句话说，当时必定同时存在有若干群。这是一个重要的信息。它告诉我们确实存在着比一组房子的居民单位小而又大于单个小房子居民的社会组织，它应该是比较完整的家庭或大家庭。据此姜寨应该有三级社会组织：较低的一级是包含若干对偶家庭的大家庭，每组房子代表由几个大家庭组成的较高一级组织，而整个聚落所代表的则是最高的一级。鉴于各级都有一些经济设施，所以这个聚落实际是一个三级所有制的原始共产制公社。更有进者，由于每个小房子居住的人口有了一个大概的底数，依此底数来推算各级组织的人口也就有了比较客观的基础。如果把它同墓葬人口的分析结合起来，就有可能了解当时氏族公社乃至各级公社组织的大致规模。这在人口考古学中是一种十分可贵的资料①。假如不是对各种遗迹进行具体分析，并且把它们联系起来，从布局和内涵等方面分析它们之间的关系，这样的结论是不可能得出来的。依据这种思路，对于别种布局和内涵的聚落，也是可以得出比较接近实际的结论的。

姜寨聚落的布局是属于有严格规划的一类，后来兴起的城镇也多是有规划的。《考工记》说："匠人营国，方九里，旁三门。国中九经九纬，经涂九轨；左祖右社，面朝后市，市朝一夫"。这是一种理想化的说法，先秦的都城并没有这样规整的情况，但都有一定规划则是没有问题的。另一些聚落是自然生长的，并没有一定规划。这特别反映在河旁或山坡上的聚落，往往是跟着地形延伸的。有的聚落原本有一定的规划，后来在发展中打乱了原先的秩序；有的聚落原本是自然生长的，后来在扩展中又力求加以控制，成了自然生长与人工规划的混合体。在实际作业中，一个聚落究竟属于哪一种，应该根据具体情况进行分析，不能一概而论。

2. 聚落分布和聚落之间关系的研究

在单个聚落研究的基础上，就可以进一步研究各个聚落分布的规律及相互关系。一般地说，聚落分布往往受制于自然环境，同时也与文化传统、经济和社会发展水平有密切的关系。在多数情况下，山前的聚落遗址呈条带或弧形分布，例如内蒙古凉城县岱海西北岸蛮汗山脚下相当于龙山早期的老虎山文化的遗址，便是呈东北—西南的条带状分布。小河旁的聚落遗址有时呈条带状分布，若是小支流较多，则呈葡萄串式分布。例如陕西宝鸡地区渭河北岸的仰韶文化遗址呈东西条带状分布；而山东昌乐县的龙山文化遗址分布图，看起来就像是一串串葡萄的样子。至于平原地区的聚落遗址，有时呈散点式分布，有时则聚集成若干群落。

---

① F. A. 汉森：《人口统计学在考古学中的应用》，《当代国外考古理论与方法》，三秦出版社，1991 年。

　　农业的发生与发展对史前聚落的分布有明显的影响。最早的农业聚落遗址多在山前平地或沼泽地带，后来逐渐向河湖岸边和平原推进，遗址的规模也逐渐扩大。从宏观范围看，稻作农业最初只发生在长江中下游少数地点，以后逐步往北，而后向西和向南扩展；旱地农业在黄河中下游发生后则逐步向西、向北和向东北地区扩展，从而大大改变了这些地区聚落的形态和分布规律。

　　不同经济文化发展阶段的聚落遗址的数量、分布状况和具体形态都会有相当的差别。以河南省裴李岗、仰韶和龙山三个时期的遗址为例，其数量各为70余、800和1000处左右。如果考虑到三个阶段所占时间跨度的差别，则同一时段的遗址数目之比当为1∶8∶20，可说是以几何级数增长的。在分布上，裴李岗文化主要在河南中部，仰韶文化则以中西部最密，到龙山时期就大规模向北部、东部和东南部平原地带扩展。裴李岗文化的遗址一般较小，仰韶时期的有所扩大，龙山时期则大的更大，小的更小，相差悬殊。仰韶时期常见环壕聚落，龙山时期则出现许多古城，这是聚落形态上的重大变化。

　　研究聚落遗址之间的关系，首先要确定各聚落的年代。只有同一时期的聚落才可能发生这样那样的影响或交流关系，或者结成集团，或者有统治与被统治、征服与被征服等诸如此类的关系。如果年代不同，就只能发生传承关系或替代关系，那是性质不同的另一种关系。

　　新石器时代的聚落在经济上往往是自给自足的，是一种原始的自然经济。不过有些资源产地会形成某种专业化生产和物资交换。例如长江和黄河的某些河段岸边多砾石，不少石器作坊建在就近的地方。其产品除自用外还会有不少进入社群间的交易。进入新石器时代末期和铜石并用时代，多种手工业发展起来了，其中有一些明显是为交换而进行生产的。例如兰州白道沟坪有一个马厂期的制陶作坊，那里残留四组陶窑，保存较好的一组有5座窑址。从分布状况看还应该有更多组窑址，只是后来被破坏了。这样大规模的陶器作坊，绝不会仅仅是为某个聚落生产，而应该有相当大的销售范围。又如山东的大汶口文化中，有些大墓随葬数十件陶鼎或数十件背水壶，个别墓甚至随葬100多件高柄杯，远远超出了个人生活的需要。说明当时的人不单知道陶器的使用价值，而且特别看重它作为商品的交换价值，不然就不会把它当成财富大量储积起来。至于玉器、漆器和丝绸等高档手工制品，有的可能是为贵族集团所控制，仅在其内部进行直接分配，或者采用贡纳和赏赐等方式进行再分配；有的也可能进入商业性交换。所有这些经济活动都超出了单个聚落的范围，可见当时在一些聚落之间事实上存在着某种经济联系的网络。研究这种经济网络的性质和范围，应该是聚落考古的重要课题。

聚落间的社会关系更是需要着重研究的课题。在新石器时代，各聚落之间不但在经济上是自给自足、相对独立，因而也是基本平等的，在社会关系上也是如此。超聚落的社会结构主要是亲属聚落群，它们可能组成为胞族、部落甚至部落联盟。我们注意到仰韶文化早期某些墓地和单个墓葬中埋葬的人数特别多，而且几乎都是二次葬。例如陕西渭南史家墓地有730人，如果考虑被破坏的墓葬在内当超过1000人，临潼姜寨二期墓地超过2000人。史家一墓最多埋51人，姜寨二期一墓最多埋82人。河南淅川下王岗二期墓地总人数也将近1000人，邓州八里岗一墓最多有超过100人者。这些墓地和墓葬的死者数量如此之大，显然不会限制在本村的范围内，应是把原属同族、原本也是住在本村，但在早年就分化出去、死后也埋在外地的人，定期迁葬回祖籍茔地。这大概也是二次葬流行的原因之一。而这些分化出去的人所建立的新聚落，自然会和母亲聚落结成一种特殊的关系。它们组成的群体，当然属于亲属聚落群的性质。这个道理虽然很容易明白，但在考古工作中怎样判断亲属聚落群则是相当困难的事情。

到了新石器时代晚期之末和铜石并用时代，社会关系发生了显著的变化。在聚落内部可以看到日渐显著的贫富分化和社会地位的分化；在聚落之间则是中心聚落与一般聚落的分化。在田野考古工作中认识中心聚落并不难，只要同其他聚落进行比较就清楚了。例如大汶口文化中的大汶口遗址，红山文化中的牛河梁遗址，仰韶文化晚期的大地湾乙遗址，良渚文化中的良渚遗址，中原龙山文化中的陶寺遗址和石家河文化中的石家河城址等，都是有名的中心聚落遗址。在这些中心聚落之外还有更多的次中心聚落遗址。但每个中心或次中心聚落究竟能控制多大一个范围则是不容易确定的。而这正是聚落考古应当着重研究的问题。控制或在一定程度上相互依存的内容可以分为经济的、政治的、文化的、宗教的等几个方面，各自的范围可能不尽一致。对于不同地区还会有方式和程度上的差别，有些较远的地方可能仅仅有些影响而谈不上真正的控制。凡此种种，都应该分别情况进行仔细的研究。

3. 聚落形态历史演变的研究

考古学在研究聚落方面的最大优势，就是可以放在历史长河中的不同阶段加以比较考察，找出它发展演变的轨迹和规律性。但是世界那么大，不可能在所有地方的聚落都遵循同一的发展模式。那种试图建立某种通用模式的做法，如同麦克尼特等人所做的那样[①]，虽然不能说没有价值，却总是受到各种各样的批评。中国幅员那么广大，地形又那么复杂，不同地区的聚落形态和发展途径也不会完全相同。只有同时把握时间和空间这两个坐标，才能理清聚落发展演变的线索。

在旧石器时代，由于采集和狩猎经济的限制，人们不可能结成很大的集团，所以聚落规模甚小。近年来虽然开始注意到聚落之间的联系，但因工作刚刚起步，有关规律还要进一步探寻。

新石器时代是伴随着农业的发明而到来的。但早期的农业仅限于很小的范围，农业在整个经济中的比重也很有限。所以这个时期的聚落仍多洞穴或小型露天遗址，沿海河口地带大量贝丘遗址的出现也是这个时期的一个特点。新石器时代中期是农业得到初步发展的时期，聚落规模显著扩大，地方差别也更明显了。大致说来，北方的聚落大于南方的聚落。北方多地穴式窝棚，南方多平地起建或干栏式房屋。北方的聚落以位于辽河流域及其附近的兴隆洼文化研究得较好。据经过大面积发掘的几处聚落遗址来看，大体都呈圆形或椭圆形，周围有壕沟，内部房屋排列比较紧密，中间常有一两座超过 100 平方米的大房子。一般的住宅也较大，早期每间多为 50～80 平方米，晚期多为 20～40 平方米。这种聚落是以大房子为中心的凝聚式统一体。

---

① C. W. McNett, A Settlement Pattern Scale of Cultural Complexity, in *A Handbook of Method in Cultural Anthropology*, New York Natural History Press, 1970.

　　黄河流域的老官台文化、裴李岗文化、磁山文化和后李文化等都做过一些发掘，有的发掘面积也较大，但发现房屋甚少，每个聚落遗址的全貌并不清楚。后李文化的房子一般有 40 平方米左右，与兴隆洼文化晚期的相近。而磁山、裴李岗和老官台文化中发现的零星几座"房子"，每个只有三四平方米，恐怕不是当时住宅的主流。河北武安磁山遗址中有一种圆形或椭圆形坑，里面常有石磨盘、石磨棒、陶炊器和饮食器等，推测是房子里面的坑穴。类似的坑穴在内蒙古察哈尔右翼前旗的庙子沟多有发现。只是磁山这种坑穴所依托的房屋地面被破坏了，结构和范围都不清楚。在它的周围有大量长方形的粮食窖穴，可见这是一个农业比较发达的聚落遗址，其布局很像是凝聚式的①。裴李岗文化有成片的墓地，看来居住区和丧葬区在聚落内是明显分开的。

　　长江中游彭头山文化的聚落也有环壕的设施，房屋为平地起建以避免过分潮湿，个别遗址中很像有干栏式房屋的遗迹。浙江北部的河姆渡文化按其内容当属新石器时代中期之末，而绝对年代实已进入晚期之初。那里有大批干栏式长屋的遗迹。各房排列紧密，实际上是凝聚式聚落的另一种表现形式。

　　新石器时代晚期的聚落以仰韶文化早期研究得较好，其中比较有代表性的姜寨一期的聚落已如前述，其他几处一般都有环壕，居住区、生产区、丧葬区划分清楚，居住区又划分为若干小区。其总体特征可以概括为内部有划分的向心式的联合体。山东长岛北庄的大汶口文化居址内部也划分为若干小区，只是因地形关系没有规划为向心结构。

　　长江流域大溪文化的聚落多次发现有环壕，个别的环壕内侧还发现有土堤，当是往后土城的萌芽。而马家浜文化中除平地起建的房屋外，也还有干栏式建筑和较大的墓地。

　　新石器时代之末到铜石并用时代早期，各地聚落都发生明显分化。不但有中心聚落和一般聚落之分，在中心聚落中又还有较高级房子和一般住宅之分。例如前述大地湾的几座大房子的建筑技术和所用材料的规格就比一般住房高级得多；安徽蒙城尉迟寺遗址北部的多间式长屋也比

---

① 　河北省文物管理处等：《河北武安磁山遗址》，《考古学报》1981 年 3 期。

其他几部分的房屋做得好些。这种聚落的特点似乎可以称为主从式结构。

中心聚落出现不久，各地相继建起了许多土城和石头城，把聚落之间的分化又向前推进了一步。现在在湖北、湖南、四川、河南、山东和内蒙古等地发现的龙山时代的城址已将近 40 座。其中最大的超过 100 万平方米，小的不到 1 万平方米，而大多数在 10 万 ~ 20 万平方米之间。单从大小来看似乎有等级之分，但这同后来中央都城和地方城镇的划分还是有本质区别的。这些城明显还有功能之分。那些分布在险要地段的小型石城应是军事城堡，而大量平地起建的土城则可能是贵族或主要是贵族的住地和政治活动中心。只是现在多数只有地面调查或解剖性发掘，内部结构不大清楚。不管怎样，我国史前聚落从凝聚式统一体到向心式联合体再到主从式结构，从平等的聚落到初级中心聚落再到城市性聚落的轨迹是清楚的，不同地区的特点也很明显，从而为史前社会历史的研究提供了一个深厚而可靠的基础。

事实证明，是否用聚落考古的观念去思考和组织田野考古工作，效果是大不一样的。正是因为这样，才有必要大力提倡聚落考古。为了把聚落考古的工作做得更好，作为一个考古工作者，有必要学点民族学、文化人类学乃至人文地理学中有关聚落研究的内容，当然还要了解国外有关聚落考古的方法和具体成果，这将有利于启发思路，拓宽视野。过去的毛病是知道一星半点就生搬硬套，那当然是不对的。其实知道多了就会有比较有思考，就不会随便套用而可能灵活运用。其次要加强田野考古基本功的训练。过去发生的许多问题常常出现在基本功不扎实方面。而且随着聚落考古观念的引入，对田野考古的要求比过去高了，有时要设计新的作业方式，改进记录内容和表格。现在国外除按照地层和遗迹单位进行发掘和记录外，还引入了遗存单元（Context）的概念①。它既可用于单个遗址的发掘，也可用于小区遗址的调查。而后一项工作是聚落考古中十分重要的一环。当然小区调查也不一定非引进 Context 概念不可。试一试总没有妨碍，在试验中

---

① 李浪林：《系统考古单位的定义和运用》，《东南亚考古论文集》，香港大学美术博物馆，1995 年。

发现优缺点再加以改进就是了。只要我们共同努力，聚落考古在史前社会研究中的作用是会发挥得更好的。

（据 1996 年 8 月 5 日在辽宁绥中举行的聚落考古与史前城址讨论会上的发言改写而成）

关于聚落考古的方法问题

这次以新砦遗址考古发掘 30 周年为契机，举行中国聚落考古的理论与实践学术研讨会，到会的学者 90 多人，来自全国的 30 多个学术单位，是聚落考古的一次盛会。以前关于聚落考古虽然也开过几次会，但规模都比较小。前不久在山东大学开了一次聚落考古与环境考古的国际研讨会，有不少中国和外国的学者参加。会议开得不错，特别在聚落考古与环境考古的配合和中外学者的交流方面取得了不少成果。但从国内学者参加人数之多和讨论问题之广泛来说，这次却是名副其实的全国性会议。会议上的报告与发言，可以说是对我国聚落考古研究的一次全面性检阅，有些发言还对今后聚落考古的进一步发展提出了很好的建议或设想，在我们国家如此大规模地讨论聚落考古还是第一次。会议开得很紧凑，气氛热烈，内容丰富，取得了圆满成功。

聚落考古在中国有很长的历史，差不多是同中国考古学的发生同步，至少是前后脚的。20 世纪 30 年代对安阳殷墟的考古发掘，全面揭露了商代晚期都城的宫殿区和王陵区，还有 H127 那样大型的甲骨文档案库和大批青铜礼器等极其丰富的文化遗存，本身就是聚落考古的一次大规模实践。那时对于安阳后岗三叠层的发掘和山东历城（今属章丘）城子崖龙山文化城址的发掘，也都是聚落考古的早期尝试。因为三叠层不仅是区分了小屯（殷代）、龙山与仰韶三个时期，还注意了各个时期文化遗存分布的不同范围，梁思永先生画的三个圈就说明那里至少存在着三个不同的聚落。城子崖挖的面积不大，却发现了城墙，根据调查又画出来城圈，那不是聚落考古的思维和实践吗？50 年代对陕西西安半坡、宝鸡北首岭、华县元君庙和华阴横阵村等一系列仰韶文化村落遗址和墓地的发掘，以及对郑州商城的大规模勘探与发掘，也都是聚落考古的早期实践。半坡考古报告的标题就是《西安半坡——原始氏族公社聚落遗址》，已经注意通过聚落考察来复原社会组织。可惜没有注意考古遗址和聚落遗存的区别，分期工作没有做好，把不同时期不同聚落的遗存揉在一起，自然难以正确地复原不同时期的社会形态。70 年代以来陆续发掘的陕西临潼姜寨遗址和内蒙古敖汉旗兴隆洼遗址，首先注意遗址的文化分期和不同时期聚落形态的全面揭示，获得了较好的效果。之后由于甘肃大地湾和辽宁牛河梁等遗址的发掘，发现其规模和规格明显高于同时期的其他聚落，于是提出了中心聚落的概念。随之龙山时代又发现了一些城址，我国主体地区聚落演变的轨迹便逐渐明朗起来，聚落考古又进了一步。回顾起来，直到 20 世纪 80 年代初以前的几十年中，我们做了不少工作，只是没有从聚落考古的理念和方法上进行必要的分析和研究。

20 世纪 80 年代以来，国外聚落考古的理念和方法陆续介绍进来。国内关于文明起源的研究也越来越成为大家关注的焦点。而聚落考古对于研究社会形态及其演变是一种特别有效的手段，于是很快在全国范围内推广开来。这次会议在相当程度上反映了这二十多年来聚落考古的成果。会上的报告和发言有单个聚落的考古研究和不同类型聚落的比较研究，有聚落形态演变的研究；有发掘方法和调查方法的研究；涉及的聚落有北方温带半干旱区的，也有南方亚热带湿润区的；有平原地区的，也有山地的，还有海岛上的。经济形态上有以渔猎为主的，也有以农业为主的，后者又有旱地农业与水田农业之分。有一般村落遗址的研究，也有城址乃至都城级聚落的研究，还有区域性的研究，涵盖面非常广泛。只缺一项游牧聚落研究的案例。近年西北大学以王建新教授为首的团队在新疆东天山一带做了很有成效的工作。而游牧文化的考古是一个具有世界意义的大课题，又是一个难以突破和把握的课题。现在做出了初步的成绩，当然十分难能可贵。我们国家有将近 400 万平方千米的海疆，有 5000 多个岛屿，在辽宁、山东、浙江、福建、广东和香港等地的一些海岛上都做过一些工作，但是没有很好的总结。今后要大力加强海洋文化的研究。现在我们国家正在开展探索文明起源研究的重大项目，也就是所谓"探源工程"，聚落考古必然有更加广阔的用武之地。而要继续发展聚落考古，必须在理念上有一个正确的认识，在方法上要不断地改进和完善。下面我想就聚落考古的方法问题谈一点不成熟的看法，希望得到大家的指正。

所谓聚落考古，就是以聚落为对象，研究其具体形态及其所反映的社会形态，进而研究聚落形态的演变所反映的社会形态的发展轨迹。所以聚落考古可以归入社会考古学的范畴。为什么选择聚落作为研究的主要对象而不只是对遗迹、遗物乃至整个遗址进行深入的研究呢？要知道聚落就包含在遗址之中，遗迹遗物也包含在遗址和聚落之中。我想这无非是强调聚落的特殊地位和作用。因为人总是要组成社会的，而在物质遗存中能够观察到的有形的社会单元就是聚落。考古学的任务既然是研究古代人类社会的历史，自然应当把注意的焦点放在体现基本社会单元的聚落形态上。另一方面，聚落形态也与它所处的自然环境有密不可分的关系，例如河口咸水与淡水交接区适于贝类生长，旁边往往可以发现贝丘遗址，海湾沙岗上有时会有沙岗遗址，河边的聚落多呈长条形分布，平原地带的聚落则多呈团块式分布，诸如此类。通过聚落形态的研究，可以揭示人类在不同地区、不同时期如何依赖自然环境，设法寻找最适于自己生存的自然环境，又要在适应自然环境的情况下适当地改造自然环境。所以聚落考古往往要与环境考古相结合，才能取得较好的效果。

关于聚落考古的方法，应该是根据所研究的对象和所要达到的目的来确定，不可能是一个模式。不过也有一些共同要注意的问题。我想首先要研究什么是共时性和如何解决共时性的问题。我们讲的聚落形态不是遗址形态。任何聚落都不是由单体居址而是由多个居址和相关建筑相聚而成。相聚的这些居址和相关建筑的布局有的事先就有一定的规划，大型聚落和各种级别的城市以至都城往往如此。有的聚落事先没有规划，自然成长，到一定时期也往往会做一些调整，从而形成一定的格局。聚落的基本格局形成以后多半会有一个相对稳定的时期。只要基本格局没有太大的变动，也就是聚落形态没有太大的改变，我们就应当视为一个聚落。比方说，我们通常讲"明清北京城"，从来不说"明北京城"或"清北京城"。因为清代对明代的北京城没有进行根本的改造，两者没有太大的区别。虽然在几百年的过程中也有许多局部的改造或新建，只要没有改变它的基本格局，你就没有法子把它当作两个聚落。早先的唐长安城、汉长安城、郑州商城乃至史前的某些古城，差不多都有百年或几百年以上的历史，期间总有一些兴废之事，只要基本格局没有改变，都只能看成是一个聚落。相反，虽然明清北京城就坐落在元大都的旧址上，但明代的北京却基本上是新建的，具体形态跟元大都有很大的不同，所以应该看成是两个聚落。为什么要强调这一点？因为我们的目的是要通过聚落形态来研究它所反映的社会形态。在聚落形态没有根本改变的情况下，它所反映的社会面貌或社会组织结构也应当没有本质的改变。明确这一点对于田野考古的实际操作也是非常重要的。如果你只是追求那些不断发生的局部的变化，反而忽视了一个聚落的基本特点，那将是一个极大的失误。考察一个聚落如此，考察一个聚落群中各聚落的关系也是如此。

是不是只注意聚落的基本形态就够了呢？当然不是。有些聚落中的遗迹保存得比较好，不但可以进行功能区的划分，还可以进一步了解各功能区乃至单体建筑之间的联系，借以复原当时的社会。要做到这一点，仅仅依据地层关系和文化分期就难以达到目的，还需要引入地面的概念，要设法揭示完整的地面。过去我们很注意划分地层，这是任何考古工作者都必须具备的基本功。但有时候不恰当地把地层和时期画等号，比如下层是仰韶，中层是龙山，上层是小屯，也就是商代晚期。还有二里岗上层和二里岗下层等等，诸如此类。后来一般不这样做了，只根据土质土色的变化来划分地层，再根据地层中的出土器物来进行分期。这当然是对的。但是器物的分期要进行类型学研究，不可能在田野发掘阶段解决。于是一些人提出在发掘过程中要统一地层。这在实际操作中是有困难的，尤其是在大面积发掘的时候。做过田野考古发掘的人都会知道，强行统一势必要出问题。因为地层堆积总是有范围的，除了表土层以外，几乎没有一个地层是覆盖整个遗址的。但任何时候都会有一个地面，地面是不会有缺口的，不管高高低低总可以连接起来，而地面上的遗迹和某些遗物总是同时可以看见的。不过我们要注意地面上同时存在的东西不一定在文化分期上也是同时的，这两个概念不能画等号。我举一个不大恰当的例子。你们看我们住的这个宾馆有好几栋楼，这些楼并不是同时盖的。从地层上观察一定有叠压或打破关系，但现在同时在使用，当然也可以同时看得见。不过这些楼盖起来的时间相差不远，在文化分期上不会有什么意义。假如旁边有一座庙或者别的什么古建，跟现代建筑同在一个地面，可以同时看见，但在文化分期上就不一定是同时期的了。进行聚落考古，一定要把这两个概念的区别和相互关系弄清楚。

为了揭示地面，发掘时不必机械地按照事先划定的探方格子进行。开不开探方应该视具体情况而定。如果开探方，一定要注意各个探方发掘的进度。到一定阶段要打掉隔梁，把地面连接起来。不开探方，一定要严格控制坐标，并且把地面的揭示同地层观察结合起来，否则出了错还不知道错在哪里。

进行考古调查也要解决共时性的问题。你调查了一大堆遗址，如果不首先区分不同的时期，如何去判断各个遗址所体现的聚落之间的关系呢？从新石器时代和青铜时代以降的遗址中，最普遍存在又最能反映文化特征和所属时期的就是陶片，所以调查的时候一定要捡陶片，当然也要注意别的具有特征的东西。捡到陶片要能够正确地辨识，这要有知识和经验的积累。不能只是红陶、黑陶、灰陶，也不能只是仰韶、龙山。单是一个仰韶文化就可以分成好多时期和好多地方类型。如果你不掌握这些知识，就很难正确判断聚落的范围和不同聚落之间的关系。国家博物馆在山西垣曲盆地的调查，采用了全覆盖式的和传统调查相结合的方法，又充分吸取了以往考古研究中文化分期的成果，才能做出不同时期的聚落分布图，进而研究各时期聚落分布的特点和同时期各个聚落之间的关系，再研究从早到晚聚落演变的过程和可能的原因，是做得比较好的例子。

近年来我们有些单位同外国学者合作，引进了一些新的调查方法。其中比较流行的是全覆盖的拉网式调查，按照事先划定的方格采集陶片，规定几块陶片以上就是遗址。有些学者对这种方法提出质疑。我觉得之所以采取这种方法，第一是怕漏掉可能存在的遗址，第二是便于输入计算机进行处理。它所提供的信息是一种可能性而不完全是真实的。这种方法可适用的范围有限。在东北和内蒙古等地可能用处较大。在华北等地的农村习惯取土垫圈，如果取了遗址上的土，再把沤成的圈肥抛洒在别的田地里，便会造成许多假象。还用这种方法来圈定遗址，就会真假混杂，可信度低。至于在南方水田地区，很难捡到陶片，这种方法就更不好用了。水田地区的调查是一道难题，一直没有很好地解决。最近中美合作在成都平原的郫县古城一带用拉网式钻探的方法，取得了较好的效果。具体到一个地方用什么方法，要做试验，要具体分析。在调查报告上要把采用的方法讲清楚。我们过去有些调查方法是很有效的。例如在 20 世纪 80 年代初，中国社会科学院考古研究所的杨虎等在内蒙古敖汉旗进行调查。他们只有两三个人，开始调查了几个遗址，捡了一些陶片。然后把当地的小学老师和放羊娃召集起来，跟他们简单地讲解什么是古代的遗址，什么时代的陶片各有什么特点，诸如此类，同时把他们带到遗址上去考察。不是捡几块陶片就叫遗址，要看地形地貌，冲沟边或地坎上有没有文化层或某种遗迹现象。期间还拜访了一些老人，他们对自己的乡土十分熟悉，纷纷告诉考古队哪里哪里有遗址，考古队再去验证。出乎意料的是有不少遗址在山顶上，那多半是防御性城堡或是祭祀性遗迹；有些遗址跟我们平常想的背风向阳的规律不合。于是把初步调查到的遗址全部画在地形图上，不断地总结规律，再依据新的规律去调查。结果在不太长的时间内仅仅跑遍了半个旗的地方，就发现了 10 多处西河文化遗址、60 多处兴隆洼文化遗址、60 多处赵宝沟文化遗址、500 多处红山文化遗址和 3000 多处夏家店下层文化遗址。当时杨虎把这个结果告诉我的时候，我简直惊讶和兴奋得无以形容。可惜这个调查报告至今没有发表，更没有一篇总结调查方法的文章，杨虎本人也不幸早逝。其实我们过去也还有一些比较成功的例子，只是不注意调查方法的研究和交流，调查报告也写得过于简单，这种情况应当改变。

调查的目的不仅是要了解有没有遗址，也不仅仅是了解遗址中有哪几个时期的东西。从聚落考古的要求来说，至少要了解遗址中是单一文化期的聚落，还是有几个时期不同范围的聚落。北大师生在河南南阳盆地的调查就注意了这个问题。他们根据在邓州八里岗发掘中观察到的不同时期聚落形态的特点，在调查中规定要了解哪里是居住区或别的功能区，哪里是遗址的边沿，各时期聚落的真实面积究竟有多大等，这样的调查自然要花较多的功夫，有的还要配合钻探或试掘。在这种情况下来讨论聚落的规模一等级才有基础。可惜我们的一些调查过于草率，遗址的面积（注意不是聚落的面积）用南北最长和东西最宽的距离相乘，结果显然比实际面积要大许多。用这样的资料去讨论聚落的规模—等级，进而讨论有几级社会组织，是不是已经进入复杂社会等等，有的还进一步估算人口的规模，不是太离谱了吗？

近年来在聚落考古的理念指引下，许多地方开展了区域系统调查。有成功的，也有不那么成功的，应该认真总结经验。在这次会上有好多同志注意了方法的研究，注意了不同方法的灵活运用，是很好的。我希望一些调查的结果能够以比较详细的方式公布。为什么我要提出后面这么一条呢？过去我们有不少的调查报告，《考古》上、《文物》上，一篇几千字万把字，几十个遗址就交代了，那样的调查报告拿到有多少用啊？无非就是知道了那些地点。所以我一直讲，调查报告应该写得详细些，还要把调查方法讲清楚。现在的一些发掘报告开始注意资料的完整性，注意了每个地层单位中出土器物的组合关系，这是好的。但是有的报告走了另一个极端，一个坑一个坑的写，一个墓一个墓的写，太烦琐了。一定要看具体情况，有的坑、有的墓重要，那是需要写；有的太一般了，坑里面就出两块陶片，坑也不像个样子，有些坑不是有意地挖成的，也许只是为了取土挖了两锹，形成了一个坑，后来有一点垃圾倒进去了，有两块陶片，你也单独写？你列一个表不就完了吗？有时候，过犹不及。一本很厚的报告里面内容不多，这也不是个好现象。

整体来讲，我们做任何工作都要研究它的有效性：调查要有它的有效性，发掘也要有它的有效性。有效性的决定因素有两个：一个是对象，要有一个正确的认识，不同的遗址有不同的调查方法不同的发掘方法；一个是目标，我究竟要完成什么？我究竟要做到什么？还有是你的能力，你的人力、财力，你的时间，你究竟能做到什么程度。那种广谱式的调查得到的信息必然是比较粗放的，但是是需要的，我们不可能对每一个遗址都进行非常仔细的调查，特别是不能每一个都发掘。所以广谱性的调查需要，精细性的调查也需要；试掘性的工作要做，精细的发掘也要做。

不论是哪项工作，都有一个方法的钻研问题，没有那么多现成的方法摆在那里。我觉得过分强调所谓某种模式不一定是好事。有些东西是有规律的，我们要琢磨这些规律，但都拿这个模式去套，不一定是好事。所以一方面要注意规律性的总结和掌握，另一方面要具体问题具体分析。做任何一件事，发掘任何一个遗址都是一个研究过程，不是挖完以后拿到室内整理才是研究。我希望大家要有这样一个概念。这样我们今后的聚落考古工作会做得越来越好。而由聚落考古所引申地对我们中国古代文明的研究、中国古代社会演变的研究以及各种各样的研究，都会更加深入，做得更好。

（2009 年 12 月 29 日在河南省新密市举行的"聚落考古的理论与实践研讨会"闭幕式上的讲话，会后做了修改）

九 环境考古

环境考古研究的展望

中国人历来重视环境，提倡人与自然环境的和谐统一。中国历史上也不乏有关环境等方面的记载，这些记载至今仍是我们研究古代环境及其演变的宝贵资料。至于环境科学的研究，则是近世才出现的事情。正如考古学是从西方首先发生的一样，把环境科学的研究同考古学研究结合起来的环境考古学，也是从西方首先发生的。我国从近代考古学传入的20世纪20年代起，就不断有过一些研究古人环境的尝试，只是不大系统。近年来随着考古学研究的不断深入，自然科学手段在考古学中的应用日益广泛，环境考古也越来越受到人们的重视。在全国范围内相当广泛地开展了环境考古学的研究，出版了一批环境考古学的著作，并且连续召开了两次全国性的环境考古会议。中国第四纪研究委员会更于1994年成立了环境考古分委员会，它将有力地推动我国环境考古研究的顺利发展。

我国自然地理条件复杂，历史悠久，古代文化丰富多样，为环境考古学的研究提供了十分优越的条件。环境考古研究的课题虽然十分广泛，但就研究的地理范围来说，则可大致分为不多的几个层次。

最基本的一个层次是局域研究，它是以遗址为单位的环境考古研究，过去对北京周口店、西安半坡、余姚河姆渡和安阳殷墟等许多遗址的环境资料的研究就属于这一类。通过对各遗址的动物骨骼、植物枝叶和籽实以及孢粉等遗存的研究，大致了解到该遗址所在地方过去的动植物群落及其所反映的古气候等环境信息。现在看来这些工作虽说取得了一定的成绩，但从当代考古学研究所要达到的目标来说还是远远不够的。遗址地层的形成往往是一个复杂的过程，除了人为的因素以外还伴随有自然的因素。应该从地学的角度来研究这些地层中各种堆积的来源、堆积的过程和营力、堆积时的环境以及堆积以后的变化等，这样才能比较正确地揭示各个时期的自然环境和人与环境的关系，以及这种关系的历史变化过程。动物遗骸的研究也不要只是进行种属的鉴定和区分家养与野生动物，还应该注意各种动物骨骼的数量，分布的状况，破碎的痕迹及其原因。根据某些贝壳的纹理或鹿角脱落的情况，还可以了解人类捕捞或猎取某些动物的季节。除了大动物以外还要注意昆虫和寄生虫的研究。有些昆虫对环境是很敏感的，人的粪便中常有寄生虫卵，其中有些是专门寄生在人体中的，有些是食物中携带过来的。据说蛔虫与吃大米有关，日本人本来没有蛔虫，等到稻作农业传入以后就有了这种寄生虫。人类所吃的鱼鸟家畜和野兽等往往有它们各自特有的寄生虫，通过寄生虫卵的分析也可以了解人的食谱。这可以说是动物考古学的延伸。我想只要开拓视野，可以研究的问题和可能采用的手段将会越来越多，对于古代环境和人与环境的关系的认识就会越来越深刻，过去的发展事实上已经证明了这一点。

局域研究还应该扩展到遗址周围的环境。因为人类的活动不会局限于他们所居住的聚落本身，一定要出外狩猎，采集各种有用的植物，从事农耕或放养家畜家禽，这都是维持人类的生计所必须进行的活动。这些活动又必须要有适宜的地域，而这种地域总是离聚落越近越好，因此任何聚落都会有一个最基本的活动半径。如果我们对这个基本的活动半径内的环境缺乏了解，就不能说对古人的生活环境和他们与环境的关系已经有了全面而深刻的了解。

较高的层次应该是小区研究。现在已经或正在进行的有内蒙古岱海盆地古遗址与环境的研究，山西与河南交界处的垣曲小盆地、河南洛阳地区和陕西周原等地的古遗址与环境的研究，甘肃东部葫芦河流域古文化与环境的调查，北京地区和成都平原古环境的研究，珠江三角洲和胶东贝丘遗址与古环境的研究等。此类课题正越来越受到有关方面的重视，不断有新的项目展开，可以说是方兴未艾。各个小区的情况很不相同，研究的内容自然也不大相同。不过一般总是要研究其地形地貌、古遗址的分布状况和动植物群落等，以了解其生态环境及其变化对人类文化发展的影响。

更高的层次则是大区环境的研究。这里所说的大区大致相当于我国综合自然区划方案中的一级自然区。按照这个方案，全国应分为东北、华北、华中、华南、西南、内蒙古、西北和青藏八个自然区。它跟我国古代文化的分区固然不是一回事，但却有相当大的一致性。这一事实极好地说明了人与自然的密切关系。

华北是我国以粟作为主的旱地农业发生发展并且逐步形成体系的地区，是新石器文化十分发达和孕育了灿烂的夏商周文明的地区。环境考古学应该研究这个地区广泛分布着的黄土的特点，半湿润和半干旱的北亚热带季风性气候，黄土易于侵蚀和黄河易于泛滥所造成的地形地貌的特殊情况，包括动植物资源在内的生态环境等等。应该研究所有这些环境因素如何在本区人类文化的产生和发展中发挥作用的，特别是在形成本地文化的特点和传统方面究竟起到了什么样的作用，在人类文化发展起来以后又对本地环境造成过什么影响，都是很值得研究的。

华中是稻作农业的起源地区，历史上一直是水稻的主要产区。这里同样是新石器文化十分发达并且是较早地进入文明时代的地区。有些文明的因素甚至比黄河流域发生得还要早些，某些工艺品的制作水平也比黄河流域的高些。但在政治上和军事上则往往不如黄河流域那样强大。这里面固然有许多方面的原因，有些原因现在一时还说不清楚，但可以肯定有环境方面的原因。这个地区的气候湿热，雨量丰富，红土特别发育，生态环境同黄河流域相比有很大的差别，这是大家所知道的。我们不但要深入研究这个地区环境的特点及其历史变化的过程，还要研究这些特点如何影响到本区古代文化的特点及其发展过程，特别要把这两个地区的环境和古代文化作深入的比较研究，这很可能是解开我国古代文化发展特殊道路的一把钥匙。

由于华北和华中自然环境的条件优越，地理位置又比较适中，所以从古至今成为我国经济文化发展的核心地区。其他各区的发展则相对滞后。例如东北区因为纬度较高，年平均温度较低，所以农业发展较晚，农业在经济中的比重较小，这自然会影响到当地文化的发展。内蒙古、西北和青藏三区或因纬度较高，或因地势较高，又都距海洋较远，具有干燥寒冷的大陆性气候，大大制约了古代文化的发展。华南和西南纬度较低，气候湿热，天然资源十分丰富。人们无须费很大的气力便可以得到必需的生活资料，这种情况反而限制了农业的发展。加以地形比较破碎，不容易联合成强大的社会政治力量，因而这两区古文化的发展也远落后于华北和华中地区。由此可见，正是中国特殊的自然地理条件造成了中国古代文化发展的向心结构。中国历史上各民族文化之所以有那样大的凝聚力和连续不断地发展，从环境考古的角度是可以得到合理解释的。

在对全国进行环境考古研究时，要特别注意几个气候敏感带。例如长城地带便是华北区与东北内蒙古及西北三区的分界线，也是旱地农业区与畜牧狩猎区的分界线。气候的变化特别是雨量的变化不但会使这条线南北移动，而且跟着会造成巨大的社会动荡和文化变迁。秦岭—淮河是华北与华中区的分界线，也是旱地农业与水田农业区的分界线。南岭则是华中与华南区的分界线，也是水田农业区与农业采集和狩猎并重区的分界线。后两条线对气候的敏感虽然远不如长城地带，但在气候变化剧烈时也是有反应的。再一个敏感带是海岸地带，这特别表现在第四纪几次冰期和间冰期的变化时期，到全新世也还有小的波动。例如最后一次大冰期时的海平面就比现在的海平面约低 130 米，现在的大陆架和浅海区在当时都成了陆地。海进海退必然引发人口的迁移和文化的变迁。

从全球的角度来看，环境考古应力求回答诸如人类是在什么地方，在什么样的环境下起源的，农业为什么只在少数几个地方起源，那些地方的环境到底提供了哪些特殊的条件使得农业有可能在那里发生而不是在别的地方发生。人类的早期文明又为什么只在少数几个地方发生，各自发生的环境条件又是什么？这是环境考古的最高层次。有一件事情是应当特别提及的，就是青藏高原的隆升对人类自身及其文化发展的影响。据地质学研究，在第三纪末期，青藏地区海拔只有一两千米。气候温湿，到处生长着阔叶树林。可是从第四纪起由于大陆板块的挤压而不断升高，严重影响行星风系的走向，造成强烈的环境效应。青藏高原和蒙新高原成了广大的高寒和干旱的地区，严重地阻碍东西方的交通，使得以两河流域和希腊、罗马为代表的西方和以黄河、长江流域古文化为代表的东方长期沿着各自的道路自行发展，造成东西文化的特质和价值观念的巨大差别。只是在人类文化发展到一定阶段以后，人们才逐渐克服地理上的障碍相互往来，增进了解。现在由于科学技术的进步，东西方的距离已经大大缩短了，东西方的文化在许多方面也发生了融合，但是各自在特有的自然环境下经过漫长的岁月所形成的文化传统及其特色，还是会长期保持下去的。

从上面简单地叙述中大致可以看出环境考古研究的课题是十分广泛的，随着新的技术手段的不断引进，提取的信息将不断增加和精确化，环境考古的研究也将不断深入和提高，许多重要的历史问题将会得到比较合理的解释，这是可以预期的。

自然环境与文化发展

——在中国第三届环境考古学大会上的学术演讲*

我对环境考古没有什么研究，只不过是一个积极的关心者，出于职业的需要，也出于对当前环境问题的忧虑，所以特别关心这方面的研究和进展状况。大会给我一个在这儿学习的机会，非常高兴。请允许我表示对大会的祝贺和由衷的感谢。

刚才听了刘东生先生的报告，很受启发。这是一个创新的、高水平的、振聋发聩的学术报告。报告从全新的角度，运用全新的材料，构筑了一个环境考古和人类起源的新理论。能有这么一个报告在这个会上演讲，确实给大会添色不少。很惭愧我无法望其项背，也没有什么准备，讲不出什么新鲜的道理。但既然坐在这个位置上，总要说点什么。考虑了一下，就谈谈个人关于环境考古方面的一些想法吧，题目就叫"自然环境与文化发展"。

本次会议的主题是"古环境与古文化"，非常好。当代社会发展的最大课题是人与自然的关系。其实自从人类出现在地球上以来，就一直存在着人与自然的关系问题。开始是自然力量主宰一切，人的力量是微不足道的。但人类总想有所作为，为着自身的发展而试图改造自然。有的人把自己的力量看得很大，说什么"人定胜天"。有的人认识到自己只不过是自然界的一分子，一定要与自然取得协调，提出"天人合一"的思想。中国古代这两种思想都有，并不是像一些学者讲的西方只提改造自然，中国只提天人

---

* 2002 年 9 月 15 日于山东济南。

合一。

在采集经济的时代，人对自然的影响是极其有限的，破坏很少，建设也很少。农业发生以后人对自然的干涉大一些了，有些建设也有些破坏。人对自然的认识有所提高但毕竟有限，自然对人类文化和社会历史的发展则表现出至关重要的作用。到工业社会人对自然的认识大有进步，建设以前所未有的规模开展，而破坏也以前所未有的速度进行。如果不加以控制，势必造成极大的灾难，到头来毁了地球也毁灭了人类自身。人与自然的关系是发展的，古今相通的。研究古环境与古文化，对今天也会有重要的启示和借鉴作用。我们这个世界究竟是怎样发展到现在这个样子的，以后将变成什么样子？这是谁都关心的问题。中央电视台有一个很受欢迎的传统栏目"人与自然"，就是讲的这个问题。我们这次会议的主题既有重大的学术价值，又有重要的现实意义。记得苏秉琦先生为第一届环境考古大会题词中说："环境考古之所以被提出，是社会与考古学科发展的需要。（是为了）在自然与人的关系方面给以科学的阐述，从历史角度提高认识，更自觉地尽力建立人与自然协调的关系。"苏先生把环境考古的作用讲得非常清楚，我们应该放在这个高度来认识。

我们中国环境考古的研究差不多是同近代考古学的发生一同出现的，只不过长期处在比较零散的状态，没有系统的理论和方法，也没有一个适当的组织机构。自从 1990 年在西安召开第一届环境考古大会和 1994 年在中国第四纪研究委员会下设立环境考古专业委员会（实际上相当于中国环境考古学会）以来，在不太长的时间里，我国的环境考古就有了比较全面而快速的发展。我们会议的规模一次比一次大，内容一次比一次更加充实和深刻，本身就是最好的说明。看来我国环境考古学当前的形势和发展前景是非常喜人的。

最近我参加了一项《中华文明史》的编写工作，深感要了解中华文明的起源和发展，不能不了解中国自然环境的特点，不能不关注环境考古研究的成果。我们组里有很多历史学家、哲学家，他们都注意环境问题，但因没有研究，难以准确把握。中华文明的发展很有特色，在世界文明史上占有很重要的地位，这是大家都知道的。但为什么会是这样，各人的解释就很不相同，没有一个客观的标准。其实这个问题如果放到历史环境里面来看，就可以看得比较清楚。比如中国的农业起源，通过最近若干年的研究，逐步地了解到中国有两个起源中心，一个在华北地区的黄河中下游一带；一个在华中地区的长江中下游一带。前者主要是小米等粟类农业的起源地，后者则是稻作农业的起源地。为什么中国的农业起源地是这两个地区而不是别的地方呢？这显然与环境有关系。你想，在东北地区气候比较寒冷，不可能成为农业起源地；过去经常谈到华南地区应该是一个重要农业发源地，因为那儿有很多野生稻，但我们从人与环境的关系考察，它并不是一个适合农业发生的好地方。因为这一带纬度低，生长期长，动植物资源十分丰富，而地形又比较破碎，在新石器时代早期农业起源阶段人类比较稀少，没有一个地方能聚集大量人群。在人口比较稀少，而获取食物又比较方便的情况下，就没有发展农业的压力，没有这种紧迫的需要。而需要是发明之母。没有社会的迫切需要，发明了也难以推广和传承下去。所以我们看到华南地区新石器时代早期遗址尽管发现不少，就是没有看到什么农业遗存，比较明确的农业遗存直到石峡文化（约公元前 2400 年）才出现。

农业起源和早期发展在人类历史上是一件具有革命意义的伟大事件，对中国史前文化的发展起了非常大的促进作用，黄河流域和长江流域的社会经济和文化从此迅速发展起来，远远走在周围地区的前面。而中心地区一旦走在周围地区的前面，便会对周围地区起着吸引和凝聚的作用，使得整个中国的新石器时代文化逐渐形成一种重瓣花朵或多元一体的格局。进入文明时期以后还是这么一个格局，并且有进一步的发展。这样我们就能解释为什么中国文明的发展老是以黄河流域和长江流域为主体，长期持续发展下来。在世界几大古代文明中，唯有中国这个文明没有发生中断，就与这么一个本身有核心、有主体、有周围四裔的社会经济文化和民族的结构有很大关系。而这个结构是怎么来的呢？很明显，与中国的这个特殊环境有密切关系。

讲环境还包括中国周围地区。中国周围有很多自然屏障，在这些屏障之外，没有高度发达的文化，这一点很重要，过去讲中国文化外来说不管是西来说还是其他什么说都没有充分考虑这个环境因素。在中国之外而又离中国最近的，比较早和高度发达的是印度河文明，在现在的巴基斯坦。

印度河文明要影响中国文明的发展，必须穿越喜马拉雅山脉，途经青藏高原，这谈何容易。想一想直到唐代玄奘去西天（就是现在的巴基斯坦和印度一带）取经还要绕道新疆和中亚，经历九九八十一难。若是在史前和文明时代早期，可以想见该会有多么困难。这个问题绝不意味着在古代中国与外国的文化没有交流，只是说这种交流仅限于在局部的有限的范围，不可能大规模地进行，不可能因为有这些有限的交流而改变中国文化的特性和发展方向。由此可见环境因素对中国文化的起源和发展的作用是非常巨大和非常明显的。

人们都说中国文化是多元一体的，为什么会出现多元的特点呢？归根到底是中国各个地方环境不一样造成的。到现在我们北方地区和南方地区的文化、风俗习惯和经济等方面都有很大区别。因此文化起源呈现多元化形态是很容易理解的。但中国文化在多元化的同时，又具有一体的特点。费孝通先生提出中华民族的发展具有多元一体的特点，苏秉琦先生借用过来，认为中国的考古学文化同样如此。因为各个地方的生态环境不同，自然人群也不一样。但是在中国，它的主体在黄河和长江流域，这两个地区是紧连的，是可以互相交流的，相互之间形成非常密切的联系，同时与周围地区保持不同程度的联系。我们说的所谓多元一体是从这个角度来理解的，并不是指完完全全一样才叫一体。

这种多元一体的格局对中国文化的影响是什么？第一，因为它内部是多元的，就会有比较和竞争，在比较和竞争中各自尽量发挥自己的优势，就会不断地产生内部的活力；第二，因它有主体和中心，所以会自然地形成一种凝聚力，各地互补性的经济文化关系又加强了这种凝聚力。有活力又有凝聚力，那么这个文化就会不断地发展。这与过去讲的中国文化是落后的、保守的、停滞的理论完全不一样。这个内部活力并不需要外界文化的冲击，所以它能够保持连续性而不会中断。因为它的主体部位很大，本身包含有两个农业起源地和由此而发展起来的两大农业体系，这样的基础非常扎实而宽广。在这样基础上形成的文化，没有任何力量能够把它摧毁或完全改变。我们只要把它跟古埃及、古印度、古代两河流域这些文明进行比较，就会明白其中的道理。当然这里还有很多人文方面的因素，人文方面的因素各个文化又不一样。但是我们从各个古文化和古文明所处自然环境不一样就看得出来，中国文化为什么会有那么大的生命力。这是我们在编写《中华文明史》时体会非常深刻的一点。

中国在历史上内部曾发生过很多战争包括民族战争，其中非常重要的一种战争是北方游牧民族对黄河流域农业地区民族的侵袭和掠夺。为防止此类冲突的直接发生，中国修筑了长城，将双方隔离开来，只在一些关口进行有控制的交往。北方游牧民族和黄河流域的农业民族为什么会发生这种冲突呢？这又有环境方面的因素。很早以前李四光先生曾发表过一篇文章，把中国几千年以来的气候变化跟这段时间内发生的较大的战争以及人口的变化画了几条曲线，并一一作了对比，发现它们之间有密切的关联。就是说，大概气候一旦变得恶劣，北方草原地区游牧民族的牲畜会养得不好，有时甚至大批死亡，导致牧民的生活发生困难。怎么办？最就近的解决办法就是到黄河流域的农业民族那里去掠夺，而农业民族当然要起来抵抗，这样就发生战争。有时黄河流域的农业民族抵抗不住，再继续往南方施加压力，所以导致人口的迁移。中国历史上的人口迁移多半由北向南，环境变迁是一个重要的原因。当然还有人文方面的因素，不都是环境因素造成的。但是，我认为李四光先生的这篇文章还是很有见地的，他从环境的角度研究几千年来重要战争、人口迁移和古代气候变化的关系，而且发现三者的变化曲线相关联，这是客观事实。我觉得这是个从环境方面来研究中国历史的非常好的一个例子。

北方游牧民族进入黄河流域乃至更南的地区不完全是一种骚扰和破坏，同时也促进了民族的融合和文化的发展。例如南北朝时期许多北方民族入驻中原，造成了民族大融合的局面，而这种民族大融合对后面唐代的发展起了非常重要的作用，以至于出现了中国历史上特别辉煌的大唐盛世。

所以要把中国的这段历史弄清楚，只靠看文献和只管人文方面的资料显然是不够的，如果从环境方面来分析就可能看得比较清楚。还有，中国文化真正跟西方大规模的沟通应该发生在汉代。汉代国力强盛以后，便向三个方向发展，一个朝东北，通过朝鲜影响到日本，在朝鲜建立了几个郡；一个朝南方，通过越南影响到东南亚以至阿拉伯世界，在越南也建立了几个郡；另一个是西方，张骞和班超先后通西域，直达中亚和西亚的许多国家。为什么恰恰是这三个方面，而不是全方位呢？这不恰恰是与地形和环境有关系吗。因为别的地方都有难以逾越的障碍，只有这三条路勉强可通。其中西边是最远和最长的一条路，能过得去，那是因为甘肃有河西走廊，新疆有天山，在天山雪水浇灌下形成了许多沙漠绿洲。绿洲与绿洲之间相隔不远，相互之间有联系，这条交通路线才能建立起来。要不丝绸之路能走这儿吗？没有这种环境，你能建立这条路线吗？

我们研究中国历史是这样，研究世界历史也是这样。世界历史为什么会这样发展，为什么开始就那几个文明中心，而且过了一段时间中心又会有转移，当然有很多人文方面的原因，但不能否认环境因素也是很重要的原因。英国著名历史学家汤因比著作等身，光《历史研究》就有几十部。他最后完成的一部总结性著作叫作《人类与大地母亲》，上海人民出版社有中译本（徐波等译，2001 年出版）。这是一部有广泛影响的著作。书中前面从大地、生物圈讲到人类的起源，文化和文明的起源，为什么在不同地方会产生性质很不相同的文明，讲文明之间的关系和不同的发展道路，讲文明发展的前途，最后还是归结到生物圈。对以后人类的前途、整个地球的前途也都作了展望。我觉得他把事情看得很深很透，值得我们认真思考。可见环境研究不仅考古学界重视，历史学界也很重视，其他有关方面的人也很重视。如果把各方面的研究结果汇总起来，会对我们的环境考古开辟一个新天地。

前面讲的这些内容都是宏观的，环境考古除了要注意大环境、宏观环境，还要注意小环境和中环境。小环境方面我举个例子。前些年北京大学考古系、江西省文物考古研究所同美国安德沃考古基金会的著名农业考古学家马克尼士等合作组成中美农业考古队，对江西万年仙人洞和吊桶环遗址做了些工作。这两个遗址相距只有七八百米，一个在小山包顶上，一个在山脚下傍着小溪。一个文化堆积大约是从旧石器时代晚期之末到新石器时代早期，一个是从旧石器时代向新石器时代的过渡阶段到新石器时代早期。两个洞穴的堆积不完全一样，有同时的，也有不同时的；同一时期的也有差别。为什么会有不同？我们说不清楚，就专门邀请夏正楷先生去看。他去过两次，经过观察和分析，发现较低的仙人洞里有水浸的痕迹，进水时期不能住人，只能住到较高的地方。所以两个洞穴堆积的差别，除了人文因素以外，还应该与当地的地形和水文变化有关系。我请他在附近再做些工作，把遗址周围史前时期的小环境弄清楚，这对于复原当时人们的生产和生活状况是非常必要的。小环境、中环境和大环境研究的对象不同，回答的问题也不相同。不能用研究小环境的结果引申为大环境的结论，也不能用大环境的结论去套小环境。当然它们之间也是有联系的，这要根据具体情况进行实事求是的分析。

这次会议报告的题目非常广泛，我粗粗看了一下，有不少优秀论文，是对近年来环境考古研究的一次检阅。对今后环境考古的发展将会起到有力的促进作用。

今后环境考古的发展恐怕要注意这么几个方面：

一是注意多学科的合作，首先是考古学和地学与环境科学的合作，同时又要以考古学为基础。因为环境考古的课题归根结底是考古学研究的课题。如果把关系倒过来，可能问题就说不清楚。

二是在不同学科的学者进行合作的过程中，要尽可能了解对方田野作业与室内分析、研究的方法，做到相互了解、相互支持、逐渐磨合，不能各是一张皮。否则最后得出的结果也不会理想。例如植物孢粉的研究对复原古环境是很重要的，但过去测试的标本多是从文化层中按照等距离的深度进行采集，测出的结果必然同实际情况不符。因为文化层的土是经过扰动的，文化层形成时期的孢粉和更古老的孢粉会混在一起，当然得不出正确的结论。再者文化层形成的速度不是按等距离的深度进行的，用等距离的深度进行采样并没有实际意义。而如果只是从自然层中去采样，样品的年代又难以确定。最好是找到与文化层有对应关系的自然层，像周昆叔先生在洛阳皂角树做的那样。如果不了解考古学地层的性质，就必然会出现差错。

三是要积极引进新技术和新方法，同时又要尽可能了解它的性能，它的优越性和局限性，还要跟传统的方法进行比较，否则在评价或引用其结果时会出现失衡。例如 DNA 技术的应用对考古研究有很大帮助，可以用来研究古人的血缘关系和种族差异。但若做得不好，也会产生莫名其妙的结果。例如不久前有人用 DNA 方法测量了山东临淄齐国墓葬的人骨，说是像欧罗巴人种的土耳其斯坦人，这不仅与用传统体骨测量方法得出的结果不一致，也与历史常识不一致，对待这样的结果自然要格外慎重。

以上几点是我个人的体会，不一定对，提出来仅供参考。我们这些学考古的人，平常自然科学和技术方面的知识比较少，更应该多学习一些。知道运用自然科学技术能够解决一些什么问题，要解决某某问题知道去找谁，跟谁合作，怎样合作。按照这样一条路线走下去，环境考古学才会有一个更好的发展。

十　科技考古

科学技术与考古学

为什么讲这个题目

这个题目不新。记得 20 世纪 70 年代初我就看过一本题目叫《科学与考古学》的书，那里面的科学自然是指自然科学，内容主要是讲现代科学技术在考古学中的应用，实际上就是讲的"科学技术与考古学"。后来这个题目还有很多人在做，以至于出现了一个考古学的分支，叫作科技考古。

现在科技考古受到越来越多人的关注，我们有科技考古学会，中国科技大学有科技考古研究室和科技考古专业，全国性的科技考古学术讨论会已经开过五届，现在是第六届了，有关科技考古的书刊也逐渐多了起来。考古学家在改善探察技术、进行标本测试、成分分析和年代测定等方面离不开有关科技界人士的合作，同样不少科学技术界的朋友也乐于同考古学家合作，双方在合作中增进相互的了解，产生了一批研究成果，这是非常好的令人鼓舞的现象。但是我们也知道有些合作并不理想，总是觉得各是一张皮，不大容易磨合。我想这里有不少实际的问题，也有一个认识的问题，究竟什么是科技考古，科学技术与考古学到底是个什么关系，是不是把科学技术应用于考古工作和研究就是科技考古？恐怕很多人没有深究。说实话我个人也没有什么研究，只有些体会和肤浅的看法，不揣谫陋提出来讨论，希望得到各位的指教。

考古学发展的历史

考古学是研究历史的。历史学有悠久的历史，相比之下考古学显得十分年轻。但是考古学并不是历史学的自然延伸。从历史学不能直接产生考古学。人们往往把金石学和古器物学看成是考古学的前身，金石学和古器物学发生得比较早，但不是真正意义上的考古学。从金石学和古器物学也不能直接产生考古学。

真正意义上的考古学或科学的考古学产生于 19 世纪中叶，是在地质学和古生物学出现之后，借用两者的方法和研究成果才得以建立的。最早的考古学是史前考古，最早的考古学家多是地质学家，应该不是偶然的巧合。后来把史前考古的方法应用于历史时期的考古学研究，才形成一个完整的考古学学科。以生物学为基础提出的进化论是指导许多自然科学的理论，对考古学也有指导意义；考古学中的三期说和类型学方法，都是建立在进化论思想基础上的。同时考古学的实践也丰富了进化论的内容。

考古学研究的实物资料主要是人类活动的遗留物，要通过这些实物遗存来研究人类的历史。因此它不能完全以自然科学的理论来解释一切，还必须有人文科学的理论和方法。关于考古学文化的理论就是从文化人类学中借用过来的。历史学的理论当然也是不可回避的。因此考古学一开始就具有交叉学科的性质，是自然学科和人文学科交叉的产物。

在科学的考古学出现大约一个世纪之后，学科研究的内容、理论、方法和运用的技术都发生了很大的变化。这一方面是由于相关人文学科的影响。马克思主义的唯物史观和关于社会历史发展的学说不但影响了历史学，也深深地影响到考古学。这不仅在苏联、东欧和中国等所谓东方国家的情况是如此，就是在西方也有相当的影响，英国著名考古学家柴尔德的研究就是最好的说明。同时西方在历史学、文化人类学乃至社会学和经济学等方面的一些理论也影响到考古学。另一方面，从 20 世纪 50 年代开始的以碳-14测年为嚆矢的现代科学技术的广泛应用，更是大大改变了考古学的面貌。我们可以想象一下，假如没有钾氩法等测定远古年代的方法，也没有从化石中检测人类基因的方法，现在关于人类起源的理论和假说就无从产生，或者完全是另外一种样子。假如只是按照传统的考古学方法，没有碳-14等测定年代的方法，没有农学家、遗传学家和环境科学等方面的学者参加，要研究农业的起源几乎是不可能的。而人类起源和农业起源这一类的课题乃是研究人类历史的最重要的课题，于此可见自然科学的应用对于考古学和历史学具有何等重要的意义。一般地说，科学技术的具体应用比较容易见成效，其重要性是比较容易理解的。其实自然科学理论的运用也很重要，例如近年来流行的系统论在一些考古学流派的著作中也有一定的体现。由于现代科学技术在考古学方面的广泛应用，出现了许多过去从来没有或者仅有萌芽的研究领域或分支学科。例如从遗址的发现与勘探就产生了航空考古、遥感考古、水下考古、地质考古等；从研究的内容和方法来看则有所谓实验室考古、环境考古、农业考古、科技考古、陶瓷考古、冶金考古、植物考古、动物考古等等，可以说是不一而足。其结果不仅是大大拓展了考古学研究的领域，而且大幅度地提升了考古学研究的深度和准确度，提升了考古学科学化的程度，从而使考古学发生了根本性的变革。我认为这是一种划时代的变革，从此进入了现代考古学的时期，在此以前则可以划入近代考古学的范围。很显然，这一变革的实现也是自然科学和人文科学相互交叉的结果。如果没有自然科学的广泛参与，这一变革的实现是不可想象的。

考古学的特点和研究方法

什么是考古学？人们有各种大同小异的回答。准确一点说，考古学是研究如何发现和获取古代人类遗留的实物遗存，以及如何通过这些实物来了解人类社会历史的学科。这里的两个如何都包含了一定的理论和方法论。

考古学是怎样进行研究的？考古学研究的实物遗存绝大部分被历史的尘埃淹没了，怎样才能发现？一靠我们对于不同时期不同性质遗址分布规律的认识，二靠实地的勘察，特别要依靠各种科技手段，例如电磁探测、航空考古和水下考古等。如何获取资料？调查本身可以获取一部分，如果要得到详细而准确的资料就要靠考古发掘。考古发掘的方法论是地层学，它是从地质学中的地层学基础上发展起来的。考古发掘的实际操作，包括测量、记录、绘图、照相和提取标本等等几乎全部是技术性的。考古资料整理工作中的方法论主要是类型学，它是受生物分类学的启发而发展起来的。整理工作中的统计、修复、测试、鉴定等许多工作也是技术性的。只有进入到考古学文化和历史问题的研究时才是属于人文科学的。我们不能只要前面一半而不要后面一半，否则就成了无学术目标的考古匠；也不能只要后面一半而不要前面一半，否则就会坐而论道，虚无缥缈，不着边际。

有些人被讽刺为安乐椅中的考古学家，毛病就出在这里。

　　考古学研究的内容是什么？说考古学是研究历史的，或者说考古学是一门历史学科是没有问题的，问题是考古学研究的历史跟一般人理解的历史有很大的不同。一般人理解的历史或者说狭义的历史是以文献为基础的，而人类发明文字的历史不过四五千年，人类自身的历史却长达二三百万年；早年进入文明的地方也很狭小，只占地球陆地面积的百分之一二；文献记载的历史多偏重于政治史、军事史、制度史和杰出人物的历史，比较少涉及经济史、科技史和普通群众的历史，即使讲到科技史方面的问题，由于没有实物验证，有时难以得到正确的理解。考古学在很大程度上打破了这些局限，它研究的是比较完全的历史，是大历史，其中也包括某些自然科学的历史。考古学也有很大的局限，因为人类社会的历史并非都是可以由实物解读的，而实物经过千万年风风雨雨能够保存下来的只是很少一部分，其中能够为考古学家发现和发掘的又只占极少的一部分。用这么少的资料来说明历史，需要有科学的复原。能不能复原，或能不能做到科学的复原，是测量考古学水平的试金石。由于考古学研究是以实物为基础的，随着科学技术的发展这种研究还可以不断深入，在同样的实物里可以提取更多和更加准确的信息。这是区别于文献史学的一个很大的特点。我们应该充分认识和把握这个特点，不断关注科学技术与考古学之间的可能的结合点，认真地进行实验和研究，使得考古学可以随着科学技术的发展而不断发展。

考古学人才培养的效果

　　考古学研究的历史很长，研究史前考古要加强自然科学技术方面的训练；研究历史考古除了要加强文献学方面的训练以外，也要有一定的自然科学技术方面的训练。过去大学的考古专业设在历史系，对于明确学科性质和加强文献学训练有一定作用，但自然科学和技能的训练不足。有鉴于此，一些考古专业从历史系独立出来成立考古学系，调整了课程，加强了实验设备，情况好了一些。旧石器时代考古放在科学院的古脊椎动物与古人类研究所而没有放在社会科学院考古研究所也是有一定道理的。因此旧石器时代考古的学生更加应该加强自然科学技术方面的训练，否则按传统方法培养出来的学生越来越难以胜任旧石器时代考古研究的任务。

结 论

考古学是在自然科学的推动下产生和发展起来的一门新兴的历史学科，它在很大程度上改变了传统历史学科的特性，大幅度地扩展了研究的内容，是历史学科的一场革命。今后要发展考古学，就必须充分认清考古学科的性质和特点，除了要注意与相关人文学科的联系与整合，还必须加强与自然科学的沟通，借用自然科学中有关的理论和方法，积极运用新的科技手段以提高考古工作和研究的水平。

（2001 年 11 月 1 日在广州举行的第六次全国科技考古会上的讲话。原载《科技考古论丛》第三辑 3~5 页，中国科学技术大学出版社，2003 年）

发展科技考古是提高考古学研究水平的必由之路

——为《科技考古》题词

考古学是通过实物遗存来研究人类社会历史的，从研究内容和目标来说无疑属于人文学科，尤其是其中的历史学科。但考古学的形成和发展又都离不开自然科学和技术的应用。因为传统的历史学不能自行发展出考古学。考古学的产生，是在历史学的发展提出了拓展研究领域的需要，在地质地层学和生物分类学基本形成的学术背景下，借用了两者的原理，并且依据文化遗存的特点而加以改造为考古地层学和类型学，才首先在欧洲出现的。此后考古学的发展，不但依赖于考古工作的开展和资料的积累，更有赖于研究方法和手段的提高，其中很重要的一个方面就是自然科学技术的应用。现在考古学遗存的发现、勘探、发掘、资料整理、标本测试分析到某些研究软件的制作，都越来越依赖于相关的科学技术，其结果是使我们能够从看似平常的考古遗存中提取越来越多的科学信息，极大地拓展了考古学研究的领域，也极大地加深了人们对过往历史的认识。这样考古学才能跟上现代科学发展的步伐，并且使许多考古学研究课题置于可检验的科学基础之上。一句话，应用自然科学技术是考古学自身发展的需要，是提高考古学研究水平的必由之路。这就是为什么要大力发展科技考古的理由。

（原载《科技考古》第一辑，社会科学出版社，2005年）

十一 农业考古

农业考古与现代考古学

农业考古无论在我国还是在那些考古工作比较发达的国家，都不是新近才开始的。许多农业工具、农作物遗存和家畜骨骼（广义的农业应该包括家畜饲养）等，很早就已为考古工作者所发现，并且一直是考古研究的重要内容；许多农业考古的课题，诸如农业的起源、各种农作物或家畜的起源与传布、农业耕作制度的发展、农业对于古代文明发生的作用等也是很早就有人注意和研究过的。不过以前的那些研究一般是分散进行的，考古学家、农史学家和其他关心这方面知识的科学家，都只是从各自的角度去观察和思考，没有很好地结合起来。而要把研究提高到新的水平，这样的结合是必需的。搞农史研究的要懂得一点考古，搞考古的更要懂得一些农业科学知识，这样才能很好地结合起来。我们高兴地看到，近年来一些学者在这方面做了认真的努力，发表了不少研究成果，从而逐步形成了农业考古这样一个学科分支，或者说是考古学和农史学之间的边缘学科。由江西省中国农业考古研究中心主编的《农业考古》杂志就是在这种形势下创刊的。这份杂志在 1980 年创刊，到现在已出版了八期，作为一种专科性的学术杂志，它不但在考古学界和农史学界受到欢迎，而且在农业干部和农业科技人员中拥有广大的读者；不但在国内得到很多人的重视，在国外也正在赢得声誉。这一事实雄辩地说明了农业考古是社会所需要的，是会有广泛的发展前途的。

也许有人会说，考古学本身就包含了研究农业遗存的内容，何必单独提出一个农业考古来呢？要说明这个问题，最好回顾一下考古学本身发展的历史。在我看来，整个考古学史可以划分为三大阶段，即古代考古学、近代考古学和现代考古学。古代考古学实质上是一种前考古学，因为它研究的内容十分狭窄，又没有形成自己所特有的理论和方法，主要是对某些古器物和铭刻进行研究，对著名的古迹进行调查等。近代考古学是一个巨大的进步，它是以田野工作为基础并以研究考古学文化为主要内容的。它吸收了地质学、生物学和民族学的有关内容并加以改造，形成了自己的理论和方法，即地层学、类型学和关于考古学文化的理论等；同时也出现了一些学科分支，如铭刻学、章纹学、美术考古等等。现代考古学是 20 世纪 50 年代以后才逐步形成的，主要标志有二，一是历史唯物主义的指导，二是现代科学技术的广泛应用。由于历史唯物主义的指导，考古学对恢复人类社会历史的作用大大提高了，从单纯的文化史式的叙述转变为对各时期的经济基础、社会结构乃至意识形态的全面研究和历史发展规律的探讨。这一重大变化对西方考古学界也有深刻的影响，例如英国著名考古学家柴尔德（V. G. Childe）的一系列著作、美国的路易斯·宾福德（Lewis Binford）等人提出的所谓"新考古学"和威利（G. R. Willey）等人的"聚落考古学"等，也都是想从对考古资料的深入研究中引出更广泛的带根本性的历史结论。至于从 50 年代开始日益广泛地应用自然科学研究手段而引起考古学革命性变革这一事实，已经是众所周知的了。我们现在还很难估计这种变革的全部意义，但有一点是清楚的，就是由于现代科学技术同考古学的紧密结合，出现了许多分支学科或边缘学科，诸如冶金考古学、土壤考古学、环境考古学、植物考古学、动物考古学、农业考古学，以及在新的基础上建立起来的考古年代学等等，在国内则还有所谓水文考古、地震考古等等。由于这些分支学科的出现，产生了两个意义深远的影响，一是增加了考古学研究的深度，我们可以在同一研究对象中取得比过去更多和更加准确的信息，甚至在过去被视为没有什么用处的对象中取得许多科学信息，真正发挥了考古学作为历史显微镜的作用；二是大大加强了考古学同现实生活的联系，它不仅是一般地说明历史问题，也不仅是可以向人民群众进行历史唯物主义、爱国主义和国际主义教育，而且在解决当前生产上和科学文化建设上的某些方面也日益发挥有效的作用。农业考古研究的内容就很能说明这个问题。比如农作物和家畜起源的探索，就不单纯是为了说明农业发展的历史，对遗传育种也很有作用。丁颖研究了普通野生稻同籼稻的亲缘关系，用两者杂交培育出了新的栽培稻品种。湖北江陵汉墓出土成束的稻穗，每穗稻粒甚少而每粒的农艺性状却和现代栽培稻相似，表明每穗粒数的遗传基因要比粒度变化的基因活跃，这是对遗传育种提供的一个十分重要的信息。至于农具和耕作制度的研究等，对于正确地总结历史经验，进而探索我国农业现代化的道路，也是一个很重要的工作。因此，提出农业考古这一学科分支就是完全必要的了。

现在的问题是，我们有些考古工地重视农业遗存不够，或者虽然重视而缺乏必要的科学知识，以至许多农业资料没有保存下来。为了改变这种状况，要大力提倡多学科的专家的联合研究。作为一个考古工作者，起码应该注意以下几个方面：

（1）关于农作物遗存

古代房屋多为泥木结构，泥土中常掺谷草和谷壳，如经火烧就会变成红烧土，其中的谷物痕迹常能很完整地保存下来，我国新石器时代遗址中发现的粟、黍、稻等谷类作物，多数是从红烧土中取得的。有些谷壳掺在泥土中烧成陶器，也可保存它的痕迹。有些零星散布在遗址中的谷物，可以用水选法来获得。有些埋藏在窖穴中的，或储藏在陶瓮、陶仓中的，往往腐朽过甚，不易进行准确的形态描述，可以用灰象法进行鉴定。发现谷物遗存如果甚多，如河姆渡的水稻遗存和磁山的窖藏小米，换算起来都是以十万斤计的，遇到这种情况要做详细记录，要测量其容积和每一单位容积中的密度和分量，还要注意形成的年限，以便对当时农业生产的规模做出近乎实际的估计。除谷类作物外，还应注意其他农产食品和经济性作物，甚至非农业的野生植物遗存。例如在泰国西北仙人洞的第4至2层中（距今约10000～6000年），就发现有蚕豆、豌豆、槟榔、橄榄、胡椒、瓠和瓜类（可能是胡瓜）等，而我们在洞穴堆积中至今还没有找到这类遗存，也许是没有注意而漏掉了。

（2）关于农具

考古学家一般是很注意农具的，但对农具的研究有待深入。有些工具形状相似，功用不同。例如东方沿海新石器文化中常见的穿孔扁斧，过去长期被称为石铲，后来根据在墓中出土的位置、带把陶扁斧的模型和大口尊上刻划的扁斧图形才确定为斧。其实斧是加工木料的，有的用作武器便是战斧，或称为钺，而铲是用来铲土的，做功对象不同，使用痕迹有很大的差别，这只要在体视显微镜下便可看得很清楚。再说斧子有砍、劈、削的功用，不同的用法也有不同的使用痕迹。类似石铲的器物还有锄、锹等，安柄的方式和用力方向不同，形成的擦痕也不相同。再如我国新石器时代和商周时代的石刀，一般认为是收割农具，但也不能一概而论。景颇族用长方形穿孔石刀（和龙山时代石刀的形状几乎一模一样）是切肉的，亚洲东北某些民族则用穿孔石刀加工水产品。其实凡是收割谷物的镰刀，其刃部都会有硅质光泽，在放大镜下也是不难辨别的。要判断某一时期某一地区的农业生产水平，首先就要把农具和非农具区别开来，把不同用途的农具区别开来，这是不言而喻的。但这还很不够，还要研究农具的安柄和使用方法，用实验方法来计算各种农具的功效，最后还要研究各种农具配合使用的情况。所有这些我们都还做得很少。

（3）关于耕作制度

这在考古研究中是一个难点，一般只能从一些有关农业生产的汉画像、农田模型和壁画等方面获得一点消息。但如果把工作做得细致些，也还可以深入一步。例如西欧有些地方利用航空照相可以看出罗马时期和中世纪庄园的地块划分，日本考古学家发现了许多弥生时代的水田及其排灌设施等，这些都可作为我们今后工作的参考。

（4）关于家畜家禽

考古工作者往往在发掘中拣选一些自认为有代表性的骨骼请动物学家鉴定，但这是有局限性的。一是自己对动物骨骼缺乏知识，免不了会遗漏某些种属；二是由于骨骼不全而影响了许多问题的探讨。比如我们可以从一个村落遗址在同一时期委弃兽骨的总量来推知肉食在整个食物中的比重，还有在肉食中家畜同野兽的比例关系和不同家畜的比例关系等。有些动物的活动是有季节性的，由此可以了解一个村落遗址是常年定居的还是季节性的。从动物骨骼破碎的状况可以推知当时肉食的加工方法。如上举泰国仙人洞中有许多砸碎而未经烧烤的骨头，同层出土许多烧过的竹筒，因而推测是连肉带骨砸成碎块塞入竹筒，再加豆类瓜类一起烧食。有些动物的骨骼很老（如山羊），推测是种畜或为提供乳食用的。有些骨骼有明显的切锯痕迹，那显然是用作骨器的原料。所有这些都需要全面采集、仔细观察和研究才能达到。动物骨骼研究中还有一个最困难的问题就是区别野兽野禽和家畜家禽。人们往往用同现生种对比的方法，但早期驯养的家畜家禽很难用这种方法确定。国外有人用偏振光线照射骨质切片，根据不同的颜色和明暗，也可大致区分野生和家养动物。

　　总之，农业考古的课题甚多，深入的探讨离不开现代科学技术的帮助，而农业考古的研究成果又对现实生活发生重大影响，这两点都是现代考古学的重要特色。

（原载《农业考古》1984 年 2 期）

努力促进农业考古研究

《农业考古》创刊至今已有十年了。十年来这份杂志越办越好，发表了许多有价值的文章，大大促进了我国农业考古研究的发展，提高了人们对农业考古的认识，并且积极开展了农业考古的国际交流。作为一个读者，对于这些成绩感到特别高兴。借此机会，谨向编辑部同仁和广大作者表示衷心的感谢和诚挚的祝贺！

中国号称以农立国，无论是粮食产量还是农业总产值都占世界第一位。中国农业的优良传统和突出特点就是精耕细作。在现代化水平并不很高的情况下，用仅占全世界百分之七的耕地养活了百分之二十二的人口，这不能不说是中国农民的伟大贡献。单是这一点就应该很好地研究。不但研究中国农业的现状，还要研究中国农业的历史发展。农史学家、遗传育种学家、考古学家以及一切有关学科的专家们应该各尽所能，通力合作。作为这一合作的形式和交汇点应该就是农业考古。《农业考古》杂志为此大声疾呼，真是锲而不舍，十年匪懈，才打下了初步的根基。现在的问题不是要不要搞农业考古研究，而是如何更好地促进农业考古健康发展，为弘扬我国农业文化和发展适合我国国情的现代化农业做出自己的贡献。

由于自然地理条件和生态环境的不同，我国长期以来即存在着两个并行发展的农业体系。一个是华北及其左近的以粟、黍或粟麦种植为主的旱作农业体系，另一个是华中及其以南的以水稻栽培为主的水田农业体系。两者不但作物品种不同、农具不同、耕作制度不同，而且对人们生活的衣食住行和文化心态等各方面都有不尽相同的影响。对这两种农业体系的比较研究及其相互关系的研究，显然还有许多事情要做。

一般认为，中国是粟、黍和水稻的重要起源地，近年来许多史前谷物遗存的发现正在不断地加强这种认识。河姆渡和磁山的发现已经够令人震惊的了，现在彭头山和城背溪又发现了比河姆渡早得多的稻谷遗存，华北也必将发现比磁山更早的粟、黍遗存。但仅有年代很早的谷物遗存并不能充分地阐明农业的起源。我们还必须了解产生农业的生态环境和人文背景，研究农业起源的机制和具体过程。就史前谷物本身来说，不但要鉴定其是栽培种或野生种，如果是栽培种，还要鉴定其品系，研究是否与当地野生祖本有亲缘关系；各地某种史前谷物是否有品系的不同，它们的演化轨迹是怎样的。凡此种种都需要有更多史前农作物的标本。因此我们要大力推行浮选法，凡有条件的考古工地都要进行试验。再者，所有采集的标本都要经过专家正式鉴定。目前发现农作物的遗址虽然增长很快，但经过正式鉴定者寥寥可数，限制了研究的深入发展，这种情况应当及早改变。

现在看来，在中国最早培育的农作物也许不止于粟、黍、稻几种。农作物培育出来以后，还有一个传播与交流的问题，这问题更加复杂。有很多作物是从国外传到中国的，它们各自是从何时何地传入的，在中国固有农业体系中发生了什么作用，都是需要很好研究的。即使像水稻那样的农作物，在中国培育出来以后，也还有外国品种不断地流入。至于中国各种农作物乃至某些农具和耕作制度的外传，也都是当前学术界的热门话题。

要了解农业的发展，农具的研究不能不占有重要的地位。历史上各种农书虽然提供了不少资料，但都是比较晚近的。对于考古发掘出土的大批农具至今研究甚少。许多考古标本只限于质地、制法和形态的描述，对于它们的实际用途和功效往往缺乏科学的分析。就石器而论，往往斧、铲不分或铲、锄不分。解决问题的途径一个是民族学的比较研究，二个就是实验。可以仿制出一些工具并进行实际操作，观察其劳动痕迹以与考古标本进行比较。这事不难，但需要有心人去做。

关于耕作制度，考古工作也并非无能为力。在欧洲，人们早就用航空摄影的方法重现了古罗马时期的耕地和中世纪庄园的农田布局。这些都是旱田。水田遗迹则以日本研究得最好。自从 1947 年发掘出登吕水田遗迹以来，至今已经发现了 40 多处弥生时代的水田，包括田块和灌水、排水设施等。我国至今还没有发现任何农田遗迹，这不能不说是一个缺陷，我想要发展农业考古，外国的经验还是需要借鉴的。

总之，如果我们从思想上端正了对农业考古的认识，加强有关学科间的协作，并且借鉴国外的成功经验，我国的农业考古将会得到更加迅速和健康的发展。

（原载《农业考古》1990 年 2 期）

十二 草原考古

加强北方民族考古的国际合作

这次由内蒙古自治区文物考古研究所主持召开的"中国北方古代民族考古学文化国际研讨会",经过几天热烈的讨论,很快就要结束了。不少代表反映这次会准备得很好,会前参观了老虎山等遗址和许多新出土的珍贵文物,一下子便把大家的思绪带进了古代北方草原世界。会上提供的论文大多数具有较高的学术水平,涉及的问题比较广泛,并且多是各国学者感到浓厚兴趣的热门话题。会议的时间也安排得很紧凑,除白天报告和讨论外,晚上还进行各种形式的接触、谈话、交换资料、放映幻灯,有的还商谈合作计划等,学术气氛非常浓郁。总起来说,这次会议是开得很成功的。

我个人对古代北方民族文化没有什么研究,本来不想在大会上发言。但会议的讨论深深地吸引了我,所以不揣冒昧也在这里说几句话,谈不上是会议的总结,只是谈谈自己的体会和感受。

这次讨论的古代北方草原地区不但面积极为辽阔,而且民族众多,历史悠久,居民的游动性大,民族文化的变动十分显著,民族文化关系也特别复杂。正因为如此,这个地区在历史上往往成为重大事变的策源地和主要的舞台,对于中国和相邻各国的历史都曾起过十分巨大的作用。我想这是大家都很关心北方草原地区古代文化研究的重要原因之一。

但是真正要对这个地区的古代文化进行深入研究,其困难程度又特别大。首先是因为文献记载特别少,仅有的一点记载也往往蒙上一层神秘的色彩。因此人们不得不把希望寄托在实地的考察上。由于地区辽阔,人烟稀少,其间还有大片的戈壁沙漠,要想深入腹地去进行调查真是谈何容易!这使得早年的工作往往具有探险的性质。在 20 世纪初,20 年代到 30 年代,一些学术团体组成各种综合考察团进行了许多调查工作，其中包括考古学家、民族学家、人类学家、地质学家和古生物学家等，收集了大量的资料，出版了多卷本的考察报告。对于这些先驱者不畏艰险的开拓精神，我们是应当永远纪念的。但那时的工作基本上是地面踏查性质，尽管提出了不少学术问题，却无法深入进行研究，甚至还没有找到一条如何深入研究的有效途径。

大约从20世纪50年代以来，各国学者逐渐把注意力集中到有关遗址的考古发掘方面，而发掘的重点是在欧亚北方草原的边缘地区。就中国来说主要是长城沿线地区。这一带长期以来都是农业民族和游牧民族的接触地带，民族冲突甚多，碰撞最激烈，民族文化的兴替与交流都表现得特别明显，留下的史迹也非常多。在这一带进行考古工作固然也是很艰苦的，但比起大草原腹地来总还是要方便得多。

我想要特别指出的是，这种工作重点的战略性转移实际上反映了一个研究方法上的巨大进步。因为我们研究历史首先要确定年代顺序，理清文化的发展谱系和流传方向。过去因为找不到进行年代学研究的基点，只好长期处在混乱之中。这次披露的许多发掘资料不但有自身的地层关系，而且有属于不同文化系统的物品的共存关系。例如夏家店下层文化和夏家店上层文化的相对年代关系是由它自身的地层关系所决定的，而每一文化的绝对年代除可以由碳–14等现代科技手段测定外，还可根据与之共存的中原古文化系统的器物来进行推断，从而把夏家店下层文化的年代估算由商周之际提早到夏代至早商。类似的例子实在是很多很多。这不但给年代判断提供了客观的基础，而且有可能正确地判断某些文化的自身特征和它的历史地位。这些周边文化搞清楚以后，草原腹地的文化也就好认识了。这是我想要谈的第一点。

第二，在研究北方草原古代民族文化的时候，也要同其他地区一样注意考古学方法的运用与发展。例如我们在确定一个考古学文化时，总要从具体的地层单位出发，而不是从遗址或地点出发去识别它的器物群和相关的其他遗存，否则我们的概括就难以准确。在研究文化关系时要从全部资料出发进行因素分析和对比研究，而不要仅仅根据一两件东西就漫无边际地寻找文化联系。即使是抽出某些带普遍性的器物或花纹进行研究，比如大家熟知的青铜短剑和动物花纹，除了对它们的型式分类与分布进行考察外，也要尽可能了解与之共存的其他文化因素的情况，这应该是不言而喻的，但有时却被忽视了。

第三，这次会议提交的论文中除标准的考古学研究外，还有一些是环境考古方面的，有些是民族考古学方面的，有些是从美术史角度进行研究的，还有一些是工艺学研究方面的，体现了多种学科互相协作的精神，这是一个很好的现象。以田野考古为基础，结合多种学科进行研究本是考古学的一个传统，也是考古学发展的方向。过去有一个时期削弱了，以后应该大力加强。

第四，由于我们研究的课题本身具有很强的国际性，理所当然应该有相应国家的学者参加。这次会在国际合作进行研讨方面树立了一个范例。最近一些年来，中国有不少学者参加国际考古学会议，外国学者参加中国考古学研讨会的也逐渐多起来了。但是这次除中国内地、台湾和香港的学者外，还有 10 个国家的几十名代表出席，提供了高水平的论文。俄罗斯这次来了 9 名学者，他们带来了不少资料，包括许多精美的幻灯片，使这次会开得有声有色。所以我在开幕式上说这是一次名副其实的国际会议。我希望这样的会在以后能够继续下去，可以在中国开，也可以在俄罗斯、蒙古或者别的国家开。既然是国际会议，就应该有开放的精神。资料要共享，观点要充分交流。而且我希望这样的会议只是国际交流的一种形式，还应该有多种进行国际合作的形式。例如共同考察，共同发掘，共同进行研究，互派学者访问、讲学，互派学生留学等等。事实上这次会议期间也有不少这方面的接触，表明国际合作是学者们的共同心愿。历史文化遗产既是属于各民族的，也是属于全人类的。我们尊重自己民族的文化遗产，但并不是要孤芳自赏，而希望与我们的外国朋友共享。我们研究过去是为着认清我们的历史地位和历史责任，以便于更好地建设未来，而未来是属于我们大家的。让我们携起手来，为着发展北方草原古代民族文化的研究、为着建设人类更加美好的未来而努力奋斗！

（在中国北方古代民族考古学文化国际研讨会闭幕式上的讲话，1992 年8 月 17 日。原载《内蒙古文物考古》1993 年 1、2 期）

十三　海洋考古

海洋考古的嚆矢

中国有 960 万平方千米的陆地面积，一般认为是一个大陆国家。其实中国也是一个海洋国家，有长达 18000 千米的海岸线，有包括台湾和海南两个省级大岛在内的几千个岛屿和几百万平方千米的海疆，海洋资源非常丰富。远在几千年以前乃至更早一些的年代，我们的祖先就有不少人陆续走向海洋，开发海洋资源。有的移居岛上建设新的生活，有的开辟海上航线，进行贸易和文化交流，从而创造了丰富的海洋文化。

我国开发海洋的先驱，首推东方沿海的东夷民族和东南沿海的百越民族及其史前的祖先，古代文献中多有关于他们活动的记载，只是比较零散，难以了解历史的全貌，只有通过海洋考古工作才能逐步地恢复起来。我国的考古学者曾经先后在辽宁的长山列岛、山东的庙岛群岛、浙江的舟山群岛、福建的平潭岛和金门岛，台湾、澎湖以及南海沿岸包括广东、广西和海南的许多岛屿和近岸遗址都做过不少考古调查和发掘工作，取得了不少成绩。我自己也曾经多年在山东半岛沿海和长岛县的大小岛屿主持考古调查和发掘工作，在黑山岛上甚至全面地揭露了一个相当大的村落遗址。不过以往的考古工作虽然在海岸和岛屿上进行，方法却和在陆地上没有多少区别，缺乏海洋考古的思路和研究方法。近年来开展的水下考古除了对近岸一系列沉船进行探测外，也曾经远到西沙群岛和南沙群岛等处调查，但年代多限于宋元以后的海上交通与贸易，对于史前和先秦时期的遗存还未遑涉及。在这种情况下，以工作做得最多也最深入的珠江三角洲及附近岛屿的先秦遗迹为基础，从海洋考古的视角来进行综合性研究，就是非常必要的了。肖一亭的《先秦时期的南海岛民》正是适应这一需要，以海岸沙丘遗址为核心而撰写的第一本称得上是海洋考古的探索性和综合性著作。

本书分析了海岸和近海岛屿上沙丘遗址产生的自然环境和历史背景。认为沙丘的形成与地形、海水动力和风力都有关系，所以沙丘多出现于海湾，有些还与近旁的小河小溪有关。而沙丘遗址则还必须具备经常性的淡水来源，否则先民难以在那里居住。作者还注意到历史上气候环境的变迁对于沙丘遗址的影响，着重分析了沙丘遗址中间歇层形成的原因。认为沙丘遗址并非都是季节性聚落的遗留，间歇层也不能作为季节性聚落的充分证据。在一些沙丘遗址中发现有房址、墓葬，有的甚至还有制造石器或陶器的遗存，倒是可以作为曾经有过常年居址的有力证据。不但如此，作者还进一步从文化内容的分析中发现珠江三角洲在新石器时代有一个自成系统的文化区。这种文化区的形成固然与当地特殊的自然生态环境有密切关系，同时也应该与当地早年的文化传统有关。我们可以设想，在更新世晚期的盛冰期，海平面比现在低一百几十米，现在的珠江口乃至更远的大陆架都是陆地，气候温和，天然食物资源丰富，肯定是人类生活的好地方。到全新世海水逐渐上涨，人们会不自觉地向高处迁移。有的迁到现在的海岛上，有的迁到现在的海岸边甚至更远的地方。在这段时间里，文化影响的主导方向应该是自南而北，而不是自北而南。环珠江口的先秦文化的古老传统应该从当地或更南一些的海底而不是（或主要不是）到北面的山地去追寻。记得 1991 年 12 月初在中山市翠亨村召开的"珠江三角洲古文化学术讨论会"上，我以"华南考古的几个问题"为题做大会发言时特别强调地谈到了这个思想，很高兴肖一亭在本书中也特别清楚地阐发了这一思想。

海洋考古自然应该从近岸地带做起，但不能止于近岸地带。海洋民族的特点既是相对定居的，又有很大的流动性。大家知道 1492 年哥伦布发现美洲是一件了不起的大事，在那前后一段时期的所谓地理大发现差不多改变了世界历史的发展方向。可是很多人却并不知道在比哥伦布早得多的年代，许多沿海地区的居民驾着小船或木筏，竟然把浩瀚的太平洋上成千上万的小岛一批一批地发现和开发出来，那是多么值得大书特书的辉煌成就！语言学家们早就指出以东南亚和太平洋三大群岛为主体，东到复活节岛，西抵非洲东岸的马达加斯加，存在着一个讲南岛语系的巨大族群，并且推测原始的南岛语系的民族可能是生活在东南亚乃至中国东南沿海的古代居民。民族学家和考古学家也得出类似的结论。澳大利亚大学的贝尔伍德多年从事东南亚和太平洋地区的史前考古研究。他认为南岛语系的人民最早是生活在中国东南包括台湾一带,距今 5000～4000 年到达菲律宾和印度尼西亚,4000～3000 年到达美拉尼西亚,3000～2000 年到达密克罗尼西亚,2000～1000年到达波利尼西亚,800 年前到复活节岛。他画了一张地图,十分清楚地标明中国东南沿海包括台湾的远古居民是如何一波一波地开发东南亚和太平洋的①。凌纯声、凌曼立父女和香港中文大学的邓聪根据树皮布打棒的年代和分布情况也得出相似的结论②。人们还可以根据有段石锛或拔牙习俗的年代和分布情况得出相似的结论。不过这些研究都必须以考古学为基础,再结合语言学、民族学和海洋科学等各方面的研究才能有更强的说服力。由此可见在我国东南沿海开展海洋考古研究的极端重要的意义。本书对先秦时期南海岛民的研究很有力度,应该有基础更进一步向更远的海外拓展,为发展海洋考古学,为更加清楚地阐明人类历史上最光辉的篇章之一做出自己的贡献。

(本文为肖一亭著《先秦时期的南海岛民》序,文物出版社,2004 年)

---

① Peter Bellwood, New Perspectives on Indo-Malaysian Prehistory, *Bulletin of the Indopacific Prehistory Association*, 4, 1983.

② 邓聪:《史前蒙古人种海洋扩散研究——岭南树皮布文化发现及其意义》,《东南文化》2000 年 11 期。

史前长岛与海洋文明的开拓

一　长岛的历史地位

长岛是一个很重要的地区，既是京津的屏障和渤海的门户，又是沟通山东半岛与辽东半岛的海上桥梁，是中国内地通向东北乃至整个东北亚地区的枢纽。早在 7000 多年以前，山东半岛的新石器时代文化就已通过长岛传入辽东半岛。从此以后接踵不断，都是从南往北，是内地人闯关东以前的主要通道，也是文化传播的重要渠道。

为什么这样说呢？大量的考古发现证明，早在 1 万年以前，中国的长江流域就开始栽培水稻，是稻作农业的起源地。以后向华南、东南亚和东北亚传播。向东北亚传播的路线，就是从长江下游往北到山东半岛，再通过长岛到辽东半岛，继而经过朝鲜半岛，像接力棒似的一站接一站地传递，直到约 3000 年前才最后到达日本。人们把这条路线称为"稻米之路"。

长岛是这条"稻米之路"上很重要的一段，如果没有长岛，那水稻传播的历史就可能是另外的一种情况了。过去有些学者主张稻作农业是从长江下游越过东海直接传到日本的，至今没有任何证据，事实上也是不大可能的。大家知道水稻有两个亚种，即籼稻与粳稻。农学家在不知道水稻起源和传播历史的情况下曾经分别称为印度稻和日本稻，因为印度主要生产籼稻，日本则只有粳稻。长江下游既有籼稻也有粳稻，山东和辽东则只有粳稻。如果从长江口直接传到日本，那日本就应该有两种水稻，而事实上只有粳稻或日本稻一种。目前，京津、山海关和辽西一带还没有发现早期水稻的遗迹或遗物，胶东这边有，辽东那边也有，长岛的作用就不言而喻了。目前长岛没有发现有关水稻的东西，这有两种可能：一是长岛这边不具备种植水稻的环境或土壤条件，毕竟是海岛嘛。二是我们的工作做得不够，只不过暂时没有发现。但不管怎么说，长岛的"桥梁"或"驿站"的作用是不容忽视的。

仔细研究日本的历史你会发现，促使日本古代社会发生变革的因素主要有两个，一是水稻和与稻作农业相关的文化的传入；二是青铜、铁器及相关文化的传入，它直接导致了古代日本社会由原始公社向阶级社会的转化，加速了日本历史的进化过程。这些都是跟长岛的作用分不开的。

二 中国古代对外文化交流的路线

中国历史上对外的文化交流之路主要有三条，一是从陕西、甘肃、新疆到中亚、欧洲的"丝绸之路"，这条路大家谈得很多，研究的也比较充分。需要强调的是，这条路并不是开始于西汉，而是更早。例如在俄罗斯阿尔泰地区发现的巴泽雷克斯基泰文化的墓葬中就发现有中国战国时期的丝绸和铜镜等。更早还有草原之路，中国的小米通过这条路传到中亚和欧洲，中亚的小麦和绵羊传到中国。二是由山东半岛、辽东半岛经过朝鲜半岛到日本的一条路，水稻的传播走的就是这条路，此后的铜器、铁器丝绸乃至更多的物质文化与精神文化的传播走的还是这条路。所以这条稻米之路有时又称为东方丝绸之路。三是从东南沿海出海之后又分为两条，一条向东通往东南亚和太平洋岛屿；另一条则是往西到南亚、西亚直达非洲的海上丝绸之路，这条路因为还要从阿拉伯地区输入香料，所以也称为香料之路。此外，从四川、云南到缅甸、泰国也有一条通道，只是影响略小于前三条。从早期的情况看，中国文化同外界文化虽互有影响，却是以向外传播为主的。而向海上的开拓乃是其中十分重要的一个方面。

三 关于海洋文化研究的思路

上述三条对外扩展或相互交流的主要路线中，有两条是通过海路或面向海洋的。很多人以为中国主要是一个大陆国家，海洋文化并不发达。其实不然，中国也是一个拥有广大海疆，对海洋开拓做出过巨大贡献的国家。一般认为哥伦布发现美洲揭开了地理大发现的序幕，那其实只是站在欧洲人的立场上说的。美洲在一万多年以前就已经有人居住，并不需要你哥伦布去发现。况且那个所谓发现在技术和能力上也不是很困难的。因为他所雇用的水手中有的之前曾到过美洲大陆，这些水手就成为哥伦布的向导。而且哥伦布时代人类的科学技术成果如天文、地理、气象、航海技术和经验等，已经足以支持他完成这次活动了。再看看地图你会发现，美洲大陆南北纵贯，从葡萄牙或西班牙向西航行，只要有足够的淡水和食物，再加上足够的勇气与耐心，总会越过大西洋抵达陆地的。那个时候已经知道地球是个圆球体，以为向西航行也可以到达东方的印度。哥伦布的目的就是想从西方抵达印度。所以首先登上和发现加勒比海的一些岛屿后就说那是印度群岛，把那里的原住民说成是印度人，西文印第安就是印度人的意思。后来知道不对了，就把荷兰占领的印度尼西亚一带叫作东印度群岛，把南北美洲之间的岛屿叫作西印度群岛。可以说哥伦布是很幸运的，为欧洲人的殖民运动立了大功。而东亚和太平洋这边就是另外的一种情况了。这是一片极其广大的区域，有成千上万的小岛，几乎布满了整个太平洋。现在我们知道，在所谓地理大发现之前，土著人老早就已经生存在这些小岛上了。大家可能要问：这些土著人是从哪儿来的？何时来的？如何来的？他们有什么法子发现那些小岛，又有什么法子登上那些无人的荒岛，辛勤地开发，子孙繁衍，从而创造了独树一帜的海洋文化的呢？这是一个饶有兴味的问题，吸引了许多学者去探索，包括早期的旅行家、人类学家、考古学家和语言学家等。现在终于有一个比较明确的答案了。

　　旅行家很早就注意到众多岛屿上的居民有相似的经济生活和风俗习惯，语言学家更注意到各大群岛上的居民都说同一种语言，即所谓南岛语系，只有一些语族或方言的区别。这说明所有岛上的居民应该有同一的来源。根据历史语言学的研究，发现台湾原住民的语言应该属于古老的南岛语系的一支，他们的祖先是否就是南岛语系各族最早的祖先呢？长期执教于美国耶鲁大学和哈佛大学的张光直认为在台湾发现的距今6000多年的大坌坑文化乃是台湾原住民祖先的文化，而这个文化又同东南沿海的史前文化具有密切的关系。可见南岛语系居民最早的祖先理应到中国东南地区去寻找。澳大利亚国立大学的贝尔伍德也有相似的观点。他认为最早是从大陆传到台湾、菲律宾和印度尼西亚，至少在公元前4000年左右就传到了美拉尼西亚群岛，那里的考古学遗存叫作拉皮塔文化，跟菲律宾和印尼的史前文化有密切的关系。到了公元前 2000 年的时候，范围扩大到了密克罗尼西亚群岛一带；而到了公元前后的一个世纪，整个波利尼西亚包括夏威夷群岛在内也开始有人类生存了。

在中国长江以南的闽浙粤赣包括台湾在内的广大区域曾经是百越人聚居的地方。蒙文通先生在他的《越史通考》里面指出越非自谓，而是他称，是中原族群对这个地方的人的一种称呼。因为他们广泛使用的有肩石斧的形制很像中原地区的钺，因此中原人就把使用这种工具的南方人称作"越人"。厦门大学的吴春明根据百越人语言中的某些词汇与南岛语系相通，风俗习惯也跟南岛语系的居民相似，再加上考古学方面的证据，提出百越—南岛一体化的概念，是很有见地的。

在百越和东夷分布的地区，有两种文化因素特别值得注意，就是有段石锛和拔牙风俗。在中国，这两种因素只见于东方和东南沿海。20 世纪 50 年代，厦门大学的林惠祥曾将有段石锛划分为初级型、中级型和高级型，中国三种形制都有，而太平洋岛上则主要是高级型，说明它是后起的，源头应该在中国。其实早在 1932 年，荷兰人海因·格尔登就曾提出中国东南沿海和东南亚的有段石锛应该是太平洋地区有段石锛的祖型。20 世纪 50 年代，新西兰的年轻学者罗格尔·达夫更全面论述有段石锛从中国东南沿海如何一步步地传播到整个太平洋地区的。我学生时代在北大听过他的报告，印象很深。他的第一句话就是要到中国来寻找新西兰毛利人和整个太平洋地区居民的祖先。接着就用幻灯一片一片地播放，说明这种特别的工具是如何传播到如此浩瀚的太平洋的。

至于拔牙习俗，在中国古代文献中早有记载，叫作凿齿。古代僚人有凿齿的习俗，近代在贵州的仡佬族也有，所以被称为打牙仡佬。台湾的原住民同样流行这种风俗。在中国的史前文化中，最早是在山东和苏北的大汶口文化中发现的，后来在东南沿海也不断有所发现。为此我还专门写过一篇《大汶口文化居民的拔牙风俗和族属问题》的文章来详细讨论这个问题。这种风俗在日本的绳纹文化中也颇流行，然后是东南亚和太平洋地区。我注意到在整个大汶口文化分布的区域里，拔牙（凿齿）的习俗是很盛行的，从苏北到胶东，包括长岛大黑山的北庄遗址都有发现。看来这种风俗也应该是从中国东部起源，然后通过日本和东南亚传播到太平洋地区的。

　　我们讨论到这里，只剩下最后一个问题了——那些海洋文明的开拓者究竟是如何发现又如何到达那些渺无人烟的无数荒岛的？汪洋大海一望无际，怎么知道其中还有一些小块的陆地呢？我们知道无论是东夷还是百越，都是习水性善操舟的，他们并不怕大海。最早的航行工具只能是独木舟，也只能在近海活动。即使在近海，单是一叶独木舟也是很危险的，那太容易倾覆了，所以人们很早就建造一个平衡架。单边造架的叫边架艇，两边造架的叫双架艇。也可以把两个独木舟并联叫双体船。浙江萧山跨湖桥发现了一只8000年以前的独木舟，旁边有许多木杆，有人认为那就是做边架用的，是最早的边架艇。有了这类设施就不至于担心翻船了。跟着还有一个动力问题。人们不能只靠自己的体力去划船，那样遥远的距离是吃不消的。我想最有效的方法莫过于张起风帆，借用自然的风力。跨湖桥的独木舟旁边正好有一扇竹编，好像是做船帆用的。当时人们也可以用芭蕉叶一类的东西做帆，这在当时是不难解决的。关键还是向哪个方向去，怎么才能找到陆地。在这里我想重点说一下导航术的问题。在茫茫大海中航行，如果迷失了方向，那将是一件很危险的事情。要怎么做才能保证航向呢？现在我们有罗盘、六分仪，还有更先进的GPS全球定位系统，那么古代呢？尤其是史前时期呢？有人说古代航海主要靠地文导航，也就是渔民们说的"望山行船"嘛！古代地文导航是有的，但那是有条件的，比如说近海航行；再比如说在相对密集的群岛之间航行是可以的，而我们要讨论的是太平洋三大群岛，单靠地文导航是不现实的。有人说还可以用天文导航，也就是观测星星来指导航行。先不说距今几千年前史前居民掌握了多少天文知识，即便是有这种知识储备，那也只能是夜晚的事，白天呢？或者是阴天呢？总之，人们必须要选择一个不受天候、气象制约的方法来做指引。是什么呢？关于这个问题，我思考过很长时间，后来《圣经》中"诺亚方舟"的故事启发了我。诺亚放出了一只鸽子，鸽子衔来了橄榄枝，诺亚因此判断出了陆地的方向和距离。诺亚在大洪水中漂流的经历以及寻找陆地的方法，给了我们一个很好的启示。鸟类虽然能够在高空飞行，视野开阔，但也离不开陆地。从陆地上起飞后，不管能够在天空翱翔多久，最后还必须返回陆地。我曾经访问过长岛的渔民，他们说：当地的海鸟不仅可以指示陆地，还可以指示鱼群的方位，有经验的渔民可以在一定的季节里根据天鹅、大雁以及鹰隼等出现的频率，判断出自己的位置以及将要抵达的目的地。除了海鸟，洋流和西风带的定向风也同样可以发挥作用。

我们说了这么多，其实是在谈一个海洋文明发生的问题和长岛考古的意义。我国沿海有几千座岛屿，目前发现有史前文化遗存的并不是很多，长岛是其中之一。虽然我们不能说长岛的史前文明就是海洋文明，但毕竟是中国史前先民走向海洋的第一步；历史上这里又是东夷及其先民的地盘，而东夷族群的一些习俗又与南岛语系居民早期习俗有渊源关系。因此，在长岛开展这方面的研究，将是极其有意义的。

海洋文化研究是一个大课题，需要大家共同努力。中国是一个面向海洋并有广阔海疆的国家，中国的发展不能忽视也必须面对海洋。研究海洋文化既具有历史意义，同样还有现实的意义，应该大力加强这一方面的工作。

（据2009年10月18～20日在山东长岛出席妈祖文化论坛时与长岛县文化文物工作者座谈时的发言整理而成）

十四　美术考古

大力提倡美术考古学研究

美术考古学是考古学科中的一个重要的分支。由于它所研究的对象易于被一般人士所喜爱和欣赏，进而被有意识地收藏与研究，所以欧洲的考古学差不多就是从美术考古学的发生而一同发生的。而号称考古学之父的温克尔曼（J. J. Winckel-mann）同时也被称为美术史之父或美术考古之父。米海里司（A. Michaelis）的《考古发现一世纪》（*A Century of Archaeological Discoveries*，1908），日文和中文译本都把其中的考古一词翻译成了美术考古，原因就在于书中所讲述的 19 世纪的考古发现中，有很大一部分是属于美术考古的。直到现在，西方各国一些最著名的博物馆中，依陈列内容来看，绝大多数都可称之为古代美术博物馆。许多高等学校的古典系或古代东方系等系课程中，美术考古往往是一门不可或缺的课程。

中国的古代美术具有鲜明的民族特色，在世界上是独树一帜的。举凡建筑、园林、雕塑、绘画、陶瓷、玉器、青铜器和细木家具等等，无不发展到了很高的水平，并且对周围的国家发生过深远的影响。中国又是一个幅员广大的多民族国家，不同地区和不同民族的美术品都有其自己的特色。努力调查和发现这些美术品，进行深入的研究，揭示其所蕴涵的丰富内容和发展轨迹，特别是要探索其特征之所由形成的审美观念、民族心态乃其社会历史背景与思想文化背景，正确评价其在中国乃至世界文化发展史上的地位与作用，都是至关重要的。而这些正是中国美术考古学研究的主要内容。不言而喻，这一学科的发展，将有助于提高国民的审美情操和文化素养，促进当代美术沿着正确的轨道前进，因而有必要大力提倡。

中国美术考古的调查研究工作大约开始于 19 世纪末 20 世纪初，较之以田野发掘为基础的近代考古开始的年代还早一些。由于历史的原因，最早的工作大多是外国人做的。后来中国学者急起直追，对于古代建筑、汉画像石和画像砖、石窟寺艺术、古代绘画、陶瓷器和青铜器等诸多方面都有不少研究成果。但这些学者分属不同的学科，没有人从美术考古的全局来进行综合研究。仅有几位治美术史的学者作过一些综合性介绍与论述。从20世纪50年代起，中国考古学得到了很大的发展，美术考古资料不断地增加，其中绝大多数是经过科学发掘或详细勘察过的。新的研究成果也不断涌现。但是这些研究往往是由考古学者考订其年代、技法和题材内容等，进而阐明其历史价值；于其美学价值则未遑论及。或者是由美术史家加以综合发挥，阐明其美学价值及其在美术发展史上的地位。由于不了解考古资料的特性，论述中有时不免有所偏颇。少数学者尝试把两者结合起来，并且把各种美术考古资料组织起来进行综合研究，这在当前是十分必要的。刘凤君的《美术考古学导论》，正是代表了这一研究方向中的一个成功之作。

刘凤君从事美术考古的研究与教学已有多年。先后出版和发表过《中国古代陶瓷艺术》《考古学与雕塑艺术史研究》等书和多篇论文，成绩卓著。这本《美术考古学导论》，可以说是他多年教学与研究成果的一个总结。

本书分为上下两卷。上卷为总论，重点是"理论与方法"，概括地讲述了西方与中国美术考古学的发生与发展，以期从历史发展中明确美术考古的对象、目的与任务，明确其性质乃是考古学的一个分支，又同美术史有密切的关系。这些看起来是 ABC 的东西，在多数人并没有明确一致认识的情况下，多花一点笔墨进行讨论，是完全必要的，是有利于学科发展的。下卷是"分类与研究"，对美术考古研究的内容分门别类地进行论述。每一类都原原本本地讲述其发现与研究历史，内容、形式和技法的分类与发展阶段，有的还对其历史价值与美学价值做出评述。作者将中国古代的美术遗存分为十类，乃是根据考古发现资料的实际情况而划分的。他同时指出这种划分并不是绝对的，指出"各种艺术除自身有着比较独立的发展过程之外，还有着它与其它艺术相互联系、互相影响和制约的过程"（下卷绪言）。这是很有见地的。但对于中国古代美术的总体特征（与世界其他地方的古代美术相比较而言），特别是这些特征所由形成的民族精神与历史文化背景还缺乏适当的概括与深刻的分析。希望作者和乐于此道的诸位同好在未来的研究中继续做出努力。更希望由于这本书的出版，中国的美术考古学能够得到更加广泛的支持与更加健康的发展。

（本文为刘凤君著《美术考古学导论》序，山东大学出版社，1995 年）

十五　域外考古

积极开展中日交流的考古学研究

中国和日本是一衣带水的邻邦，历史上的关系极为密切。自汉唐以来，两国之间官方和民间的往来可谓史不绝书。然而时代越古远，文献的记载就越少。有的还夹杂一些神话和传说，教人扑朔迷离真假难辨。关于徐福东渡的传说就是一个典型的例子。有些记载虽然真实可靠，但因过于简略而无法穷其究竟。考古学以实物遗存为研究资料，不受文献记载的限制，在研究史前和古代历史方面发挥着特别重要的作用。近世以来，许多学者通过考古学研究来重建或充实中日古代关系史和文化交流史，取得了显著的成绩。在这方面，日本学者做得更多一些。中国学者虽然起步较晚，但也正在迎头赶上。蔡凤书教授的《中日交流的考古研究》，就是这种努力的集中表现。

凤书从事考古研究与教学数十年，成绩斐然。近年来又致力于日本考古学的介绍和中日古代文化交流的研究。为此他几次东渡，参观了许多博物馆和考古遗址，结识了许多著名学者，查阅了大量的图书资料。他曾发表过一些介绍日本考古学和探索古代中日文化关系的文章，翻译出版了由日本著名考古学家撰写的《中国考古学研究论文集》。他是我国对中国考古学和日本考古学都很熟悉的少数学者之一，是最有条件担当这一重任的。

本书论述的范围十分宽广，上自历史的开篇，也就是考古学上的旧石器时代；下迄元末明初。涉及的资料以考古学为主，兼及文献记载，间或也吸收人类学、地质地理学和民俗学的研究成果。一般认为，中日两国之间存在着两千年友好的历史。其实两千年前还不存在日本这个国家。若是指现今两国国境范围之间的文化交流历史而言，则可以一直追溯到旧石器时代。因为在地质上的第四纪曾经有过几次冰河时期，那时日本列岛同大陆是连在一起的，原本生活在大陆上的居民不用渡海就可以到达日本。在日本国土上陆续发现的人类化石和旧石器文化证实了这一点。进入新石器时代以后，日本列岛同大陆分离了。当时的人类又还没有能力越过大海，两地的文化交流基本上处在中断的状态。这时日本新石器文化的发展相对滞后，而中国的新石器文化则迅速发展，到公元前第三千年便逐步向文明社会过渡，从而出现了辉煌的夏商周青铜文明。当时中国的黄河中下游和长江中下游已成为东亚文化发展的中心，它的许多成就都向周围传播，并且深深地影响到周围地区的发展。对日本社会和文化发生极其深刻影响的首推稻作农业和金属冶炼的传入。它不但推动日本社会由采集经济迅速向生产经济转变，而且大大加速了文明化的进程，使日本社会同以中国为中心的东方文明紧紧地联系在一起。本书详细地介绍了稻作农业、支石墓、铁器、铜器、货币以及其他许多文化因素传入日本的情况，特别注意了最新的考古发现和研究成果，读了使人耳目一新。对于那些争论较多的问题，则尽可能说明事情的原委和各家的不同看法，给读者提供了许多方便。

秦汉以后，中国和日本的文化交流不断出现高潮，到隋唐时代达到了顶峰。唐朝国力强盛，经济文化十分繁荣。日本这时也建立了统一的国家，确立了天皇制度，处处以大唐帝国为楷模。日本不断地派遣人员到唐朝去学习，日本的都城、皇宫、寺庙和文物典章制度都有意地模仿唐朝，再结合自己的情况加以改造。我们至今在日本还可以看到许多唐式的建筑，在正仓院和一些博物馆可以看到不少唐代的文物。此后到宋元时代，中日两国的关系似不如唐代那样突出，但实际上双方的贸易比以前更加发达，其他方面的交流也颇不少，在本书中都有详细的说明，兹不赘述。

本书除以大量篇幅叙述中国古代文化对日本的影响外，也没有忘记日本文化对中国的影响。不过在史前和古代的很长时期内，中国文化的影响一直占据着主导地位，只是到近世才发生根本性的变化。作者特别提到了这一点，是尊重客观历史的表现。

近年来中日考古学的交流有了很大的发展，由于两国间经常互派留学生和访问学者，使得各自都已有数十名懂得对方考古学的中青年学者。日本还成立了中国考古学会，出版了《日本中国考古学会会报》。许多日本学者到中国来与中国学者合作进行考古调查、发掘和某些重要课题的研究。相形之下，中国学者对相关课题的研究显得比较薄弱，而且缺乏组织性和计划性，这种状况应该改变。时至今日，世界需要了解中国，中国也需要了解世界，已经是人人皆知的道理，考古学界也是这样。由于种种原因，过去我们对外国考古学的研究实在是太少了，现在必须加倍努力，特别需要做些切实的工作。凤书曾多次呼吁加强对日本考古及中日古代文化交流的研究，并且身体力行。他已年近花甲，工作繁忙，又多疾病，居然以自强不息的精神，在电脑的键盘上硬是一个个字地敲出了这本《中日交流的考古研究》，这是何等令人感动的事情！相信这本书的出版不但会带给读者许多新鲜的知识，而且必定会促进中日考古交流事业的发展。

（本文为蔡凤书著《中日交流的考古研究》序，齐鲁书社，1999 年）

十六　考古报告

关于编写考古报告的谈话

　　大家经常反映不少考古报告难读难懂，千篇一律，呆板乏味。也有一些朋友谈到有些考古报告篇幅很大，有用的资料却很少，有必要考虑改进一下编写的方法。老实说，这两点也是我个人经常性的感受。由这种感受可以引发一连串的思考。例如考古报告的性质是什么？在考古学研究中占有什么样的位置？编写考古报告的基本要求是什么？可不可以在形式和内容上作些改进，让它既有科学性，又还比较生动。不说有多大吸引力，起码能让人读得下去，或检索查对资料都比较方便呢？我现在就这方面的问题谈点个人的看法，不一定对，请各位不吝赐正。

　　我认为任何考古报告都应该是田野考古工作的忠实记录和集中表述。一个地方的考古工作开展得如何，不仅表现在发现和发掘了某种重要遗址，出土了何等重要的遗物；还要看出版报告的水平如何，提供的资料是否全面、准确，是否进行了必要的检测和深入的研究。所以考古报告质量的好坏，直接反映一个国家或地区的考古工作和研究的水平。

　　考古报告的任务应该是如实地反映考古调查、发掘和室内整理研究的成果，是田野考古工作的最后总结。考古工作是每个国家文化事业的一部分，不是个人随意的行动。每次调查发掘都要履行申报审批手续，承担法律责任，并且要花费很多人力物力。目的在于正确地揭示古代文化遗存，借以阐明有关的历史问题，为学术界提供科学可靠的资料，对大众进行爱国主义和历史唯物主义的教育。所以编写人员一定要严肃认真，实事求是。切不可以凭着个人的兴趣对资料任意取舍；也不可以离开对资料的具体分析而不着边际地随意发挥。

田野考古主要有调查和发掘两种方式，所以考古报告也主要有两种形式，即调查报告和发掘报告。有时候因为工作规模大，资料丰富，正式报告在短期内难以出版。为了让学术界和公众早日了解考古发现的主要内容及其价值，往往事先发表调查发掘简报。

1. 考古调查报告

由于考古调查有综合调查和专题调查之分，调查报告自然也可相应地分为两类。专题调查报告过去出过不少，如石窟寺调查、古建调查、岩画调查、漕运遗迹调查和长城调查的报告等均是。这种报告内容专一，比较容易掌握。综合调查的内容复杂。有些综合调查包括许多学科，例如 20 世纪 20 年代中瑞西北科学考察团的调查报告就包括了许多学科的资料，因而分了许多卷册出版。一般的综合调查主要是对各种遗址的调查，内容往往涉及许多不同时代、不同文化性质的遗址。如果写成一个报告，首先应把调查范围内的地理环境和历史背景、过去的考古工作（假如有的话）、此次调查的经过、目的要求和主要收获作一交代，然后对每一个遗址的位置、地形、遗物分布范围逐一记述。特别要注意遗址是否遭到后期破坏，在被破坏的地方是否暴露出文化层或某种遗迹。记述遗物时要注意是否属于同一时期和同一文化类型。假如不是，则应按时期或文化类型分别记述而不要混杂在一起。不但要记述每一时期或文化类型遗物的特征，还要注意各种遗物分布的范围与密度上的变化，以便对该遗址每一时期的性质与形态做出初步的判断。如果调查的遗址较多，其范围涉及一个小区或一个小河流域，则需要将每一个时期的遗址进行对比，分析它们相互之间的关系，并且要配以相应的分布图。总之在一个综合性的遗址调查报告里，最紧要的一点是要详细地发表每一个遗址的资料，切不可以一锅煮。从考古学的历史来看，凡属按照一个一个遗址发表了原始资料的，不论以后学科如何发展，都可以作为重新研究的良好基础。例如安特生在《河南史前遗址》（瑞典《远东古物博物馆馆刊》19 册，1947 年）这本调查试掘报告中，认为仰韶村和不召寨都是仰韶文化，因为前者不出彩陶，在年代上可能早于后者。后来尹达根据河南北部若干遗址的地层关系，发表了《龙山文化与仰韶文化之分析》（《中国考古学报》第二册，1947 年），指出仰韶村应包含仰韶文化和龙山文化两种遗存，不召寨是单纯的龙山文化遗存，在年代上应该是仰韶早于龙山。到 60 年代，我根据洛阳王湾的地层关系，重新分析仰韶村的资料，发表《从王湾看仰韶村》（《仰韶文化研究》，文物出版社，1989 年），将其分为五期。前四期属仰韶文化，只有第五期属于中原龙山文化。如果以后我们的认识进一步提高，还可以将仰韶村的资料分得更细也更准确。前提是因为《河南史前遗址》这本报告是按照一个一个遗址发表了详细的原始资料，才有可能做到这一点。后来王湘的《安徽寿县史前遗址调查报告》（《中国考古学报》第二册，1947 年）和夏鼐的《兰州附近的史前遗存》（《中国考古学报》第五册，1951 年）都是这样写的，报告中发表的资料到现在都还是很有用的。可是从 50 年代起的相当长一段时期内，由于过分强调反对烦琐哲学，把一些调查报告写得简而又简，提供的信息十分贫乏。如果只是作为调查简报，在当时的认识水平下做出必要的概括和分析，对学术的发展是有益处的。即使这样也不能代替正式的调查报告。可是当时的调查报告和调查简报并没有什么分别，都是简简单单地一次性交代完事。一般是说某次调查了多少遗址，其中可分为几种文化或几个时期，然后便按文化或时期介绍其特征，所选器物则是从各个遗址中挑选的。限于作者的认识水平，这种挑选免不了带有一定的主观随意性。随着学科的发展，许多概念也跟着发生变化。例如河南的新石器时代遗存，50 年代能分出仰韶、龙山就不错了，从 60 年代开始就分出了许多期和地方类型。如果是按照个别遗址详细地发表原始资料，就可以在原报告的基础上重新分析归纳。如果是像后一种综合性的调查报告，情况一变就没有多大用处了。那时也有一些比较好的调查报告，徐旭生的《1959 年夏豫西调查"夏墟"的初步报告》（《考古》1959 年 11 期）就是一例，但毕竟是太少了。近来有些调查报告已经有了一些改进，特别是把聚落考古和环境考古的概念引进去，大大提高了调查报告的研究水平，希望这个趋势能够继续下去。

2. 考古发掘报告

凡属进行过考古发掘的，不论规模大小，也不论重要性如何，都应该写出正式的发掘报告予以出版。因为发掘报告的性质主要是报告工作和报道资料，所以在写法上有比较大的一致性。我们学校图书馆收藏的最早的一部发掘报告，是美国人庞培里（1837～1923年）考察团1904年在中亚土库曼的安诺两个丘岗进行发掘的考古报告，1908年出版。格式与现在的发掘报告基本相同。不过由于发掘对象不同，报告的写法也可以有些差别。一般地说，单个墓葬或遗迹的发掘报告比较容易处理，包含许多墓葬的墓地发掘报告难度就大一些，而聚落遗址的发掘报告则是最难写好的。依我个人的理解，一般遗址的发掘报告至少要包括以下几个部分：

（1）遗址所在地的自然环境和历史背景，包括历史沿革在内，这是遗址所由形成的自然和历史原因。

（2）过去考古工作的主要成果（假如做过考古工作的话），本次发掘的缘起和预期目标，发掘队的组成，发掘经过。如何根据遗址的性质、保存状况和预期目标来制定发掘计划？采用了何种田野工作方法？发掘过程中遇到了什么新的情况并做了何种调整？如实地写出这些内容是发掘报告的基本要求，说明你采用的方法是否正确，便于读者检查你的工作。如果试验过某些新的方法，效果如何，更需要详细说明，以便积累田野工作经验，提高我们的田野考古工作水平。可惜大部分发掘报告忽视了这方面的内容，今后应该设法补足。

（3）文化堆积和地层关系。这一部分的内容应该是全面介绍地层关系，并且通过这种关系来了解整个发掘区的文化堆积的形成过程。按照这种要求，就应该发表全部地层关系图而不是只发表一两个典型剖面。各剖面图应能相互连接，剖面图和平面图应能相互对应。在叙述地层关系时当然不可能每个探方每个剖面都逐一介绍，但也不能仅举一二剖面作为例证。正确的做法应该是既有典型又有一般，既有具体剖面的详细描述，又有全发掘区地层关系的综合分析，最后落实到对整个文化堆积的形成过程做出解释，并初步划分为若干文化期（假如存在若干文化期的话）。现在有些发掘报告地层关系的描述背离了这一原则，往往只举一个或几个典型剖面，不厌其烦地叙述每层有多深多厚，什么样的土质土色，出了多少陶片等。而土质土色的说法又没有一个标准，讲了半天不知道要说明什么问题，这样的写法当然要改变才是。

（4）文化遗迹与遗物。如果包含有几个时代的，应该先按时代分章编写；如果属于同一时代，内部的分期明确，也可以按分期编写。如果分期不大明确，则可以统一编写，然后讨论分期问题。在这种情况下，一般是首先写遗迹，再写遗物。

写遗迹时应先按形态分类。每一类应该先有一个概述，然后逐一叙述。如果数量太多而形态变化不大，可以在概述之后挑选若干典型遗迹详细描述，其余的列一明细表，注明其所在位置、层位关系、形状结构、大小尺寸、堆积状况、包含遗物和所属期别就可以了。根据多年的经验，房屋、水井、陶窑、壕沟、田块、手工作坊和宗教遗迹等均应逐一描述。只有灰坑因数量太多而内容并不复杂，是最宜列表说明的。如果是墓葬，凡属结构比较复杂、随葬器物比较丰富的都应该逐个叙述，只有墓坑简单、随葬器物甚少或没有器物的才可以列表说明。

个别遗迹的描述首先要交代它的层位关系，说明它打破了某层或某某遗迹，又被某层叠压或被某某遗迹打破。有些遗迹还要注意它本身的层位关系，例如一座房屋建造时要挖地基，特别是半地穴式的房屋，挖出的土垫在旁边会形成一个地层，使用期间倾倒的垃圾脏土会形成另外的地层，房屋倒塌时自然又会形成新的地层。这种地层划分固然是发掘时应该解决的问题，发掘时没有搞清楚，报告也写不清楚。但写报告的时间比较从容，问题常常考虑得比较周到。即使这一次不好弥补了，也可以使下一次发掘做得更科学、更有目的性。因此写考古报告的人最好是发掘期间的领队或主要业务人员，不能一部分人只管发掘，一部分人专门写报告。这既不利于工作水平的提高，也不利于考古业务人员的培养。层位关系讲清楚以后，就要说明遗迹的形状结构，包括建筑材料和建造技术等。不少遗迹的上部因为倒塌而遭到破坏，但仍有倒塌的残块。要仔细描述这些残块的形状结构和所在位置以便进行适当的复原。写遗迹时还要特别注意其中的堆积状况和遗物，注意区分是原有的堆积还是废弃以后的堆积，这对于确定遗迹的功能是十分重要的。有些房屋因突发事变而毁弃，室内遗物没有来得及搬走，对复原当时的生活是不可多得的资料，一定要做详细的记录和描述。有些陶器被砸飞了，破片散落到很大的范围，就要特别注意器底所在，以便复原本来的位置。遗迹内的遗物还是确定遗迹年代的重要根据，所以在发表遗迹图时，也要发表遗迹内的器物图。遗迹图应该清晰明了，在一定的篇幅内尽可能表现较多的内容。除平面图外还应该有一两个剖面图兼侧视图。现在不少报告中只画剖面图而不画侧视图，剖面图又往往只画一条曲线，占用了很大的篇幅而表现的内容十分贫乏。有些灰坑的平面图只画一个圆圈，剖面图只画一条曲线，占用了很大的篇幅，是很不经济的。

写遗物时首先有一个分类问题。一级分类有的按质地，有的按功能。按质地的好处是容易掌握，不会混淆。但在史前农业文化中，同样是收割工具的爪镰，即通常所说的石刀、陶刀、蚌刀等，会分散到几个大类中去，似乎也不是很妥当。按功能分可以避免这个毛病，但有些器物的功能不易确定，有些器物不止一个用途，因而在实际操作中往往发生困难。现在比较常用的方法是交叉分类，即第一级按功能分为工具和武器类、生活用具类、装饰品和艺术品类等，第二级按质地分，第三级再按功能或器名来分。究竟怎样分比较好，可以根据每个报告中遗物的具体情况而定。

遗物描写中最令人头痛的是关于型式和尺寸的记述，写的人不胜其烦，读的人索然无味，而且在报告中所占的篇幅又特别大，这确实是一个要研究改进的问题。我想分型式是为了进行类型学研究，如果遗存比较单纯，基本上属于同一时期，那就用不着分型式而只需要简单的分类。如果有必要分型式，在特征的概括上要简练，层次分明。比如陶鬲，A 型是分裆，B 型是瘪裆，A 型的各式自然都是分裆，在描述式别时就不必再说是否分裆。同样在描述 B 型各式时也是同样的道理。这就免去了许多啰唆的字句。至于尺寸的记述，凡属插图上已经标明的就不必重复。比如 A 型 Ⅰ 式鬲，应该写有多少件，一般的大小如何，如果有特殊大的或特别小的也应该说一下。标本中有些不是型式的特征所能概括的个体特征，以及特殊的制作痕迹和使用痕迹等都要记述。切不可以一式一个标本，不厌其烦地描写那些在插图上可以看到的特征和大小尺寸等，结果是该讲的没有讲够，不该讲的讲了一大堆，那才是典型的烦琐哲学。如果遗物是划分型式的，最后应该有一定篇幅讨论型式的组合方式及其演化规律，进而讨论与文化分期的关系。

发掘报告的最后部分应该把本次发掘做一总结，看看在考古学和历史学上提出或解决了哪些问题，在哪些方面加深了认识等等，应做出有说服力的归纳，把问题提到应有的高度。研究问题要实事求是，语言要朴素无华，文字要洗练，概念要明确，逻辑要严密，切忌发表空泛的议论。

因为发掘报告是提供资料的，除上述正文外还应有若干检测报告和专题研究报告。例如石器质地的鉴定和微痕的研究报告，人体骨骼的鉴定与研究报告，动物遗骸的鉴定与研究报告，金属成分分析与制作工艺研究，孢粉与植物硅酸体检测报告等，均视具体情况而定。

上面所说只是一些基本要求，具体写法和编排形式可以有所不同。不过考古报告毕竟是专业性很强的科学著作而不是通俗读物，不能一味地追求通俗易懂而妨碍科学的表达，我想这一点是容易理解的。为了让大家对比较好的考古发掘报告有一个实际的印象，我想特别推荐《洛阳中州路》（科学出版社，1959 年）和《大汶口》（文物出版社，1974 年）这两本报告，大家仔细读读，再同别的报告比较一下就明白了。

3. 考古简报

简报的概念不是简单草率，而是用较少的篇幅报道较重要的问题。如前所述，一些较重要的考古调查或考古发掘，资料丰富，短期内难以拿出正式报告，可以先将最主要的发现及其学术意义报道出来，加快学术信息的交流，这就是考古简报的作用。因为字数较少，又要写出重点，讲出道理，没有一定的学术水平和写作能力是不容易写好的。可是有些人轻视简报的作用，以为业务水平高的才配写正式报告，水平较低的初学者可以写简报练练笔。还有些人以为有些小型的考古工作，资料不多，写个简报交差完事。在这种认识的支配下，许多考古工作只有一个简报，资料不全，水平不高，对学术是一个损失。须知任何考古工作结束后都应有一个正式的报告，这是一个起码的要求，明确这一点是十分重要的。

我国田野考古的初期曾经发表过一些较好的简报，如安特生的《中华远古之文化》（《地质汇报》第 5 号，1923 年）和梁思永的《后岗发掘小记》（《安阳发掘报告》4 期，1933 年）便是很好的例子。苏秉琦和吴汝祚写的《西安附近古文化遗存的类型和分布》（《考古通讯》1956 年 2 期），通过开瑞庄（即客省庄）一个断崖上发现的一组地层关系，将西安附近的一大批遗址分为三个类型，分别代表仰韶、龙山和西周三个时期，并且有三个时期文化遗址的详细分布图。篇幅不大，字字珠玑，今天特别向大家推荐。希望今后在大家的努力下，把我们的考古简报写得更好一些；更希望把整个考古报告的水平切切实实地提高一步。

1990 年 4 月 20 日

推荐一本考古发掘报告

关心中国考古学的人早就知道了大甸子这个名称，因为它是我国北方早期青铜文化中最重要的遗址之一。它的发现不但大大丰富了夏家店下层文化的内容，也大大改变了学术界对我国北方地区古代文化的发展水平和在中国早期文明中所占的地位的认识。所以当这个遗址发掘结束不久之后，苏秉琦先生就提出了一个"辽西古文化、古城、古国探索"的大课题，把大甸子作为其中的重要内容之一。而正式发掘报告的编写又被列入"七五"（1986～1990 年）期间哲学社会科学研究的国家级重点项目。

大甸子是一处单纯的夏家店下层文化遗址，兼有住地和墓地，保存完好。住地高于周围约 2 米，近似圆角长方形，面积约 7 万平方米。是一处有夯土城墙和壕沟环绕的大型村寨遗址或城址。至今发现的夏家店下层文化的城址虽然很多，但都是石砌的山城，规模甚小。至于平地建造的土城遗址，大甸子是头一个，规模又比山城大得多。它的发现对于认识当时的社会性质和发展水平，无疑是很有价值的事情。对住地进行的探索性发掘，还提供了十分重要的地层证据，使得墓地的分期成为可能。而墓地的分期对于深入了解它本身的布局和结构又是至关重要的。

墓地紧靠住地东北，面积约 1 万平方米。发掘结果表明这是一处相当完整的公共墓地，除可能有个别墓葬受到后期破坏外，总共清理了 804 座墓葬。各墓均为长方形竖穴，头向西北，排列紧密又基本上没有打破关系，说明原本是有计划安排并且设有墓上的标志，否则不会出现这样整齐的情况。

发掘报告依据墓地布局划分为北、中、南三区，各区中又依据随葬器物特征及墓葬分布状况划分为若干亚区或小区。例如北区主要依 A 型鬲各亚型相对集中的情况分为 A I 至 A VI 六个亚区，中区因墓葬疏密不同分为中 a 和中 b 两小区，南区依墓葬聚集情况分为南 a 至南 f 六个小区。比较各区中的埋葬制度和出土器物，可以看到以下几种情况：

（1）各区陶器都有早晚之别，可见不是以时间早晚为序而是按照别的标准来划分茔区的。这并不排除各茔区最早的墓和最晚的墓在时间上会有一些不同，也不排除各区从早到晚的墓数消长有相当的差别。

（2）各区陶器类别相近而形制和花纹有比较明显的差别。所谓类别相近是指大多数墓用鬲、罐随葬，其他器物则多与鬲、罐配伍。所谓形制和花纹有差别是说某些特定的形制和花纹相对集中于某区或某小区。例如北区多 A 型鬲和兽面纹或目纹彩绘，南区多 B 型和 C 型鬲，没有兽面纹那样的彩绘花纹，小区间的差别则更加细致一些。不过这种情况并不是绝对的，甲种形制集中的小区有时也包含少量乙种或丙种形制的器物和花纹，反之亦然。据此发掘报告的作者推测每个亚区或小区都是家族的茔域。各家族基本是自制陶器，所以形成了自己的特点；家族之间的交往则是形成某些器形和花纹发生交错的主要原因。

（3）各区墓葬的数量、规模和随葬器物都有差别。例如北区有 545 座墓葬，中区只有 143 座，南区更只有 116 座，后两区墓数之和还不及北区的一半。较大的墓也多在北区。例如 M726 长 4、宽 1.4、深 7.8 米，有木棺和三个壁龛，随葬陶器 11 件，除鬶和爵外都有漂亮的彩绘，这墓就位于北 A I 区。可见各家族的经济状况、社会地位和兴旺发达的程度都是有差别的。

（4）各区墓葬的差别，最明显地表现在北 A I 区和南 b ~ e 区之间，其他各小区则以不同的内容和程度列于两者之间。北 A I 区集中的大墓最多，用斧、钺随葬的墓最多，彩绘兽面纹或目纹最多，用真贝随葬的墓最多，可见北 A I 区在整个墓地中是最有势力的一个集团的茔地。南 b ~ e 区的墓相对较小，很少用斧、钺而较多用纺轮随葬，随葬的贝全是用蚌壳做的仿制品，其地位在整个墓地中明显不如北 A I 区。

（5）大甸子男女的埋葬制度有明显的区别。男性多侧右身，面向西南；女性多侧左身，面向东北。男子一般随葬斧钺而女子随葬纺轮。更准确些说是除个别例子外，约13岁以上的男子中有三分之一随葬斧钺而没有纺轮，约13岁以上的女子中有三分之一随葬纺轮而没有斧钺。北ＡⅠ区男女两性的墓数相若，男性墓随葬斧钺的比例最高而没有一个女性墓随葬纺轮，报告的作者据此推测北ＡⅠ区男性集团的地位最高而女性甚低；反之南区男性墓随葬斧钺者不及十分之一，而女性随葬纺轮的比例是全墓地中最高的，似乎南区女性的地位稍高。不过从其他方面看也还有些不同的情况。例如铜指环是少数女性佩戴的贵重物品，却全部出自北区，一半以上在ＡⅠ区。如果按照同样的逻辑推测，似乎北ＡⅠ区女性的地位并不很低，这其中可能还有更深层的原因。至于铜耳环则北、中、南三区都有，墓主人有女有男，有成年有小孩，在年龄和性别上看不出有什么差别。

（6）大甸子有13座墓出陶鬶（其中一墓为陶盉）和爵，形制和中原二里头文化的出品十分相似，但据陶质和花纹来看应该是本地的仿制品。这两种器物在二里头文化中也只是少数贵族墓才可能享有的，在大甸子也无例外是随葬器物比较丰富的较大型的墓才有。在分布上几乎全在北区，尤以北ＡⅠ区最为集中，那里也是兽面纹彩绘陶器最集中的。说明中原的夏文化对于远在内蒙古东南的大甸子的上层人物有相当的影响，且其影响深度不限于器物和花纹本身，甚至还包含它们所代表的礼俗在内，这是很耐人寻味的。

（7）大甸子有11墓出土高台山文化的器物，北、中、南三区均见而以中、南区比例较高；但不见于ＡⅠ区，更不与鬶、爵共存，似乎同夏文化的因素缺乏亲和力，至少不如夏家店下层文化的亲和力那么大。高台山文化与夏家店下层文化基本同时，位置又紧临其东，相互有些交往并受到一些影响是很自然的事。

（8）据人骨测定，大甸子的居民似可分为两个群体。一群与东亚蒙古人种比较接近，另一群既与东亚蒙古人种接近，又有与北亚蒙古人种相近的因素。联系到墓地中北区多Ａ型鬲、兽面纹彩绘及鬶、爵等具有中原风格的因素，南区多Ｂ、Ｃ型鬲及二方连续几何纹彩绘，又与高台山文化有些联系的事实；再联系到大甸子所处南北文化与人种交接区的地理位置，都是颇发人深思的。

对于以上的情况，报告的作者都做了深入细致的分析，提出了不少精辟的见解。直到目前，这还是北方早期青铜文化研究中资料最丰富、最集中，研究最深入、成果也最突出的一项工作。对于探讨北方与中原地区早期青铜文化的关系以及北方地区文明化的过程，都将起到一定的推动作用。

此外，我们发现大甸子的随葬玉器中有一些红山文化的出品，如形体不甚圆整的璧（报告图八一，5）、勾云形佩饰、勾形佩饰、斜口箍形器和枭形饰（报告图八三，2、5、6、15、16）等。有一件残璇玑（报告图八三，1）则似是辽东半岛龙山文化的产物。说明夏家店下层文化的人民对古玉颇为宝爱，偶尔得之便不忍释手，以至于最后用于随葬。报告中对这些玉器的性质虽未做分析，却如实地报道了资料，便于读者做出自己的判断，这正是考古报告所应做到的。

大甸子考古报告有许多优点，例如编排和体例既合乎规范要求，又有变化而不落俗套；文字叙述没有一般报告烦琐冗杂的毛病，与插图和图版的配合都较好；几篇附录也都是报告不可缺少的组成部分等等。但这个报告最突出的优点，则是注意了田野考古方法的叙述。田野考古方法的基本原理是任何考古发掘所必须遵循的，但每个遗址都有一些特殊情况，因而具体操作起来就应该有所变化。大甸子报告一开篇就谈到为什么要选择大甸子进行发掘，为什么对墓地要采用全面揭露的方法而基本上不用钻探，为什么要把墓地挖完；在人力物力都不允许对住址进行全面发掘的情况下，为什么还要进行钻探和局部发掘；见到墓中陶器上有大量易于脱落的彩绘应当采取什么措施等，都交代得清清楚楚。同样，在整理发掘资料时，面对一大批基本没有叠压打破关系的墓葬怎样分辨年代早晚，又怎样根据墓地的自然分区和器物形态的变化对墓地进行分区；当整个墓地的时空架构基本建立起来以后，又如何通过各墓区之间的对比研究引发出更深一层的文化与社会历史的信息，报告也都写得清清楚楚。这样的考古报告就不单纯是提供资料和作者的结论，而且原原本本地讲了这些资料是怎么得来的，通过怎样的分析才得出哪些结论的，哪些问题还没有完全解决。实实在在，没有虚词，没有空泛的议论。反映出作者以及考古发掘与资料整理的主持者与主要参加者对考古事业的高度责任心与实事求是的科学态度。人们经常反映考古报告难读，即使专业人员也很难有耐性把一本报告读完。说明我们的考古报告编写的确存在不少问题，需要改进。我想如果考古报告能写得像《大甸子》这样，读起来不但不会厌烦，还会受到许多启发和教益。如果这样的考古报告多起来了，对于提高我们的田野考古水平和研究水平必定会起到有力的促进作用。

（原载《考古》1997 年 10 期，题为《大甸子——北方早期青铜文化研究的硕果》）

十七　考古教学

中国高等学校的考古教学

　　中国高等学校的考古教学和研究差不多是与近代田野考古的开展同时起步的。一般认为中国的近代田野考古是从 1921 年河南渑池仰韶村遗址的发掘开始的，而北京大学研究所国学门在 1922 年就设立了由马衡任主任的考古研究室，此后名称虽一再变动，还是坚持开展田野考古和研究工作，在历史系开设金石学和考古学课程。同时聘请著名考古学者为导师，先后培养了几名考古学研究生。燕京大学、中山大学和华西大学等也先后开设过考古课程，不过门类很少，又不经常，难以培养出专业的考古学者。那时中国的考古学者多是从国外留学归来的，或是在考古机构的实际工作中培养出来的。直到 1952 年，中国高等学校进行全面调整，才正式在北京大学历史系设立考古专业，由苏秉琦任考古教研室主任。与此同时，北京大学还与中央文化部文物局和中国科学院考古研究所合作，连续举办了四届考古人员训练班。1956 年西北大学历史系设置了第二个考古专业，厦门大学和四川大学也先后开设考古课程并在历史系内设立考古专门化。从 1972 年起，四川大学、厦门大学、吉林大学、山东大学、南京大学、武汉大学、中山大学、郑州大学和山西大学相继设立考古专业，另有复旦等五所大学设立了文物博物馆专业或博物馆专业，一些综合性大学和师范院校的历史系开设了考古学课程。从此高等学校进入了大规模培养考古人才的时期。1983 年北京大学成立考古学系，不久吉林大学也成立了考古学系，中山大学和厦门大学则成立了人类学系，考古专业隶属于人类学系。后来一些学校成立文博学院，下设考古学系和文物保护系等。现在这些机构还在不断调整之中。

各校考古专业的学制一般为四年制，有些学校曾一度实行五年制，后来也都改成了四年制。四年中前二年着重打基础，后二年着重专业训练。各校课程虽不尽一致，但大多数课程是相同的。一般地说，前期的基础课有哲学和政治经济学等政治理论课，有中国历史、世界历史和人类学概论等普通基础课，有外语和古代汉语等工具课，还有中国考古学、田野考古学、考古技术（包括考古绘图、考古摄影、考古测量和古器物修复）等专业基础课；后期的专业课则有中国旧石器时代考古、新石器时代考古、夏商周考古、秦汉考古、唐宋元考古、古文字学、博物馆学、古代科技、古代建筑、古代陶瓷、古代绘画、古代货币、古人类学、外国考古以及现代科技在考古学中的应用等。各校课程的区别主要是地区性的。如厦门大学和中山大学着重东南地区和东南亚考古，吉林大学着重东北地区和东北亚考古，四川大学着重西南地区和南亚考古，其他大学也都开设有所在地区的考古课程。由于考古学科发展很快，所以讲授内容经常更新，使得教材的建设非常困难，以至于许多课程至今没有合适的教材。在考古教学中还有一项十分重要的内容，就是田野考古基础实习，各校一般都是安排在基础课学完之后，实习时间大约为一个学期。实习的内容包括田野考古调查、发掘、室内整理和编写考古报告四个阶段，即田野考古的一个完整过程，目的在于培养学生独立进行田野考古工作的能力。有的学校除基础实习外，还在最后一个学年安排专题实习或毕业实习。学生按照课题分成若干专门组，分散到各地参加考古工作，以便收集有关资料，为毕业论文作准备。多年的实践证明，田野考古实习是否组织得好，对于学生的整体业务水平和基本素质的培养至关重要，甚至一直影响到毕业以后的成长。除了在教学计划中正式安排的实习以外，有的学校还在暑假期间以勤工俭学的方式组织学生到考古工地进行发掘，或者到博物馆参加藏品的整理、编目等工作，也取得了很好的效果。

为了安排好田野考古实习，国家教育委员会曾经专门召开会议进行研究，要求有关部门给予切实的支持。北京大学已经在山西曲沃和辽宁营口建立了实习基地，吉林大学在山西忻县、山东大学在山东邹平县也都建立了实习基地。这种基地建立在重要遗址附近，可以进行许多年的考古发掘和研究工作，不但对学生实习带来很多方便，而且对于本专业的科学研究和年轻教师的培养都起着十分重要的作用。虽然如此，学校的考古实习也不能仅仅限制在实习基地上，还必须根据教学的需要和考古学科的发展，随时选择其他地方进行专题性的考古实习。例如北京大学考古系每年都要到好几个省区的许多遗址进行考古实习或其他田野考古工作，这些实习或工作往往是同文物考古部门合作进行的，得到有关部门的有力支持。

过去高等学校培养的考古人员以本科生为主，兼有少量的硕士研究生。随着我国考古工作的发展，需要有不同水平和层次的专业人员充实各级考古机构和相关的业务部门。而各校通过多年办学已经积累了很多经验，业务水平有所提高，图书资料和仪器设备都有所充实，基本具备了招收不同层次学生的条件。现在多数学校除大学本科外，还招收了较多的硕士研究生，一些学校招收了博士生，北京大学还设立了博士后流动站。除此以外，一些学校还设置了文物考古或文博专修科，有的招收了无学位的研究生班。北京大学考古系多年来接受进修教师，不定期地举办分专科的研讨班。过去接受外国留学生多属进修性质，现在已正式招收本科生、硕士生和博士生了。

为提高教学水平，各学校都十分重视教学设备、图书资料和实物标本的建设。有的学校有自己的考古博物馆，尚未建立博物馆的也有标本陈列室，同时还备有一些典型的石制品和陶瓷片标本供学生触摸和描画。有的学校建立了自己的实验室，包括年代测定实验室、石器模拟实验室、陶瓷工艺实验室和人体测量研究室等。各学校的条件不同，实验室的侧重点也各不相同。其中北京大学的实验室较具规模，也仍然受到人力和经费的掣肘。

高等学校的科学研究是提高教学质量的根本保证，所以各校都很重视。这些研究的一个特点是同教学与实习相结合，不少课题列入了国家或省部级的科学研究规划。近年来各校关于考古学方面的出版物逐渐多起来了，其中有教材，有综合性和专题性的著作，有资料汇编和其他工具书，有田野考古报告，有各种论文集，有的学校还出版了不定期的刊物。这是一个好势头，要让这个势头发展下去，还需要得到有关方面的扶持。

根据我们多年的经验，我认为要搞好考古教学，不仅学校和教师要作极大的努力，还必须得到社会和有关部门的广泛支持。我们的专业方向、培养目标、教学计划等，都是在广泛征求文物考古界的意见的基础上制定和修改的，我们经常请有关学者来校讲课，报告他们的最新发现和最新研究成果。我们有些学生的实习是委托有关考古机构代为安排的。我们的许多科研课题和实习项目也是在同其他单位的学者合作的情况下进行的。这样的支持和相互参与，对于端正办学方向，提高教学和科研水平，培养社会需要的合格人才，都是非常必要的，简直可以说是考古专业的生命线。

考古学既是民族性的，又是世界性的。一个人除了要知道自己的历史，也还要知道世界的历史。作为一名考古学者，更需要了解各国同行的重要发现和研究方法，以便相互交流和借鉴。在这方面我们做得还很不够。过去的自我封闭已经使我们失去了不少时间，现在我们要急起直追。要广泛地开展国际交流，有计划地派遣留学生出国学习，有步骤地开展外国考古学的介绍与研究。同时我们也要敞开大门，请外国学者来校讲课或同我们合作研究中国考古学的有关课题，更多地招收外国留学生、进修生和访问学者。欢迎大家到中国去，为增进相互了解，提高考古教学与研究水平而共同努力。

当前，我国正朝着建立社会主义商品经济的新秩序而努力，它促使高等学校的体制、办学方针和教学内容都要进行深刻的改革。现在我们的学生除统一招考的以外，还有代培生、自费生。进校后可以根据个人的要求调整专业。所学课程除部分必修外，还可以自由选择。优秀生可以拿双学位，以便于就业时灵活选择。就业的方针已由过去的统一分配改为双向选择，即学生可以选择用人单位，用人单位也可以选择学生。我们希望通过这些改革，能够使考古人员的培养更加符合社会的需要，使有志于考古事业的青年更能发挥他们的作用。

（1988 年 9 月 16 日应邀在日本明治大学讲话的提纲）

我与考古学

——与李秀国谈话录

随着中国考古学学科意识的加强，越来越多的考古工作者已不再仅仅陶醉于各种重大发现的轰动效应，而更为关注考古学的理论建设、方法探讨和考古工作者进德修业的时代要求。对此，那些既有丰富实践经验，又具深厚理论造诣的专家学者在想些什么？带着这个问题，笔者访问了北京大学考古系主任严文明教授。

我国史前考古与《起源》的东方续篇

李：最近，在"中国考古学会第八次年会"上，苏秉琦先生提出了重建中国史前史的任务，在考古界引起很大反响。请问这一任务提出的具体背景是什么？

严：苏先生提出要重建中国史前史，是好几年前的事情了。当时，白寿彝先生主持编写一部数十卷本的《中国通史》，其中史前部分叫《远古时代》。他把这部书委托给苏秉琦先生，并认为，要写好中国通史，没有考古学家参与不行，史前部分更是与考古学有关。苏先生当时认为白老极有见地，便很愉快地接受了这个委托。任务基本上落到张忠培和我身上。在该书的编写过程中，我们不断地讨论中国史前考古学与中国史前历史的关系问题，觉得考古学总还是研究历史的，史前考古的任务主要就是研究史前时代的历史，但历史学的表现方式与考古学不一样。在这个过程中，苏先生有很多想法，给我们讲了几次。一次他和我一块住在北京平谷上宅一个考古工地里，专门谈如何重建中国远古时代历史的问题，讨论了差不多一个星期。后来根据苏先生的意思，整理出《重建中国古史的远古时代》一文，作为该书的序言。这已在《史学史研究》上发表了（1991 年 3 期，《新华文摘》1991 年 11 期转载）。而后，苏先生找了社科院考古所的几个同志讨论，谈了重建中国史前史的问题。考古所的同志将之整理出来，提交到考古学会第八次年会上。整个过程大致如此。

李：由此看来，这是老一辈考古学家多年思考的结果。那么，重建中国史前史这一任务的提出，特别是在考古学处于新时代的今天来着重提出，是否具有特殊的意义呢？

严：我个人觉得，中国考古学发展到现在，已大体可以勾勒出中国史前历史的一个轮廓。但要让这个史前历史有血有肉，还差得很远，还需要做很多工作。这些年，我们集中力量做一个工作，按苏先生的说法就是建立考古学文化的区系类型，也就是建立考古学文化的时空框架及其发展谱系。时空框架和发展谱系这两者不是一回事，要弄清发展谱系一定要弄清时空框架，但单是框架而不研究文化内容的实际联系当然不行。

考古学文化的区系类型提出后，全国做了不少工作，有很大进展，至今仍在努力之中，还没有完全建立起来。这件事做到底就有可能解释中国这样一个以汉族为主体的统一的多民族国家是如何形成的，这是区系类型研究当中最终要达到的一个目的。再一个目的就是反映社会本身的发展，如生产力是怎样发展的？它涉及生产工具、技术和经济基础等一系列问题。这也需要做很多的工作。就史前社会而言，涉及在中国具体条件下农业、畜牧业和各种手工业是怎样起源和发展的？有些什么特色？各个地区是否存在不同的体系？这些不同的体系又是怎样地联结在一起？怎样的相互影响、交流、碰撞、吸收与融合？在这样的基础上，又怎样从远古社会发展出中国特色的古代文明？这些也就是苏先生提出的一个任务：要研究古文化古城古国和中国文明的起源问题，这看来好像是史前以后的问题，但史前考古必然导向阐明这类问题。只有把这些问题也弄得比较清楚后，方能谈得上写就一部比较像样的中国史前史。这样一个任务，以前我们也已意识到，苏先生多次提到：郭沫若 1929 年写《中国古代社会研究》时，就想到我们中国人应写一部《起源》的东方续篇。过去因为条件限制没有写成，现在应该继续写。

我们知道，马克思、恩格斯研究史前社会时，对中国的情况还很不了解。而东方的历史差不多代表了人类的一半。东方历史的主要舞台或中心地又是在中国。中国历史具有长期连续的特征，她对阐明人类社会的发展规律具有相当的代表性。多年来我们经常在琢磨这个问题。在写《远古时代》一书时，我们自认为是在写或准备在写《起源》的东方续篇。这是一件很有意义的工作，不是几个人就能完成的，希望今后会有更多的人来加入探讨这个问题的行列。

李：作为《起源》的东方续篇，一定有其自身的特点。这些特点主要表现在哪些方面呢？

严：在写《远古时代》时，我们是在进行这方面的探索和尝试。所以，我们不是光摆些资料，也不是仅仅反映考古发掘的新成果，而主要是集中探讨中国史前时期的一些重大历史问题。当然，我们现在只是意识到这一工作的分量和它的重要意义，真正解决的问题还有限。比如，中国在人类起源问题上有很多资料值得深思，人类起源是一元还是多元？是非洲起源还是亚洲起源？还是各有起源？近年来非洲有很多早期人类化石和石器的发现，亚洲也有重要的发现，尤其在中国。比如近年来在云南发现了极其丰富的禄丰古猿化石，现在已定名为禄丰古猿属同名种，它有一些性状与过去在印度和巴基斯坦发现的西瓦古猿及现代猩猩相近，又有更多的特征与南方古猿和非洲大猿相近，此外还有许多独立的特征。它的发现差不多要使古人类学家考虑是否重新建立人类发展谱系树的问题。再往后的元谋人和蓝田人，年代都超过 100 万年。最近报道四川的巫山人距今约 200 万年，虽有不同看法，但仍然值得注意。另外还有超过 100 万年的文化遗址，如西侯度等。这些问题我觉得还是刚刚提出，难以讲得非常清楚。但现在的研究毕竟比过去深入多了，如果进一步探索，那么，我们考古学家、古人类学家以及史前学家都应该是大有用武之地的。

第二个方面，中国较早的旧石器文化，现在看来也具有自己的特点，那就是以向背面加工的小石器为主要组群。这一总体特征区别于欧洲、非洲等地的同期文化。但我国面积广阔，南北很不一样，同是北方也可区分出不同的系统。过去在研究旧石器文化时只分早、中、晚几个阶段。现在则可划出几个谱系，这是旧石器时代考古的一个很大进展。至于谈到旧石器时代社会是什么样，有的说是"原始群"和"血缘家庭公社"。但没有一点证据，只是一些逻辑推理。在欧洲，至少在旧石器晚期出现了不少房子，可以从聚落结构和人类群体的季节性迁移等方面来探讨当时的社会组织和经济形态等。欧洲旧石器晚期发现很多古代的艺术品，如洞穴壁画、线刻画、雕刻等，中国基本上没有。所以我们对旧石器时代的意识形态了解很少。我们通过多年的考古实践，觉得中国不应没有这些东西。究竟在哪里呢？需要继续做工作，如再不做工作，或工作做得不细致，就难以提高我们的认识。我们现在对旧石器时代的认识，取得的主要成绩在谱系方面，属文化特点的揭示，对社会问题的认识，做得还不够。这里有很多工作方法的问题，旧石器考古的发掘方法恐怕要改进一下。现在报道的旧石器遗址很多，实际上大多是石器地点，有文化层的并不多，这样得到的信息自然有限。有不少自然科学方法在旧石器考古中很有用处，以后需要大大加强这方面的工作。

在旧石器考古中，我们看到有些迹象很值得注意。比如最近发现的郧县人，两个完整人头骨，总体特征与共存动物化石是属直立人的晚期阶段，但它的构造，尤其是牙齿非常之大，非常复杂，似很原始，比同期的北京人显得原始些。营口金牛山人，从共存动物化石及同层骨化石所测年代来看，属更新世中期，相当于北京人的后期，它的体质特征更接近于早期智人。比年代较晚的许家窑人、大荔人还要进步。这就提出一个很大的问题：人类的发展是否很早就产生了不平衡？如果是这样，他们又怎样进化成体质智力都大致相同的现代人的？当然，我们不是专门研究古人类的，只是提出这个问题，觉得这个问题很重要。

旧石器时代文化的发展也有不平衡。辽宁海城小孤山的骨器相当进步，比山顶洞出土的还好，可是年代比山顶洞早。这些迹象使我们意识到，中国旧石器文化与欧洲、非洲有相当的不同，发展的道路也不完全一样，东西方历史一开篇就有差异，虽然一些总体的规律差不多。但研究普遍的规律性应从具体的特殊性开始，今后要做的工作太多了。

从旧石器时代向新石器时代过渡的问题也很值得注意。在北方，很多地方到旧石器晚期出现细石器，这种细石器在长城以北一直延至新石器时代甚至更晚。黄河流域在旧石器晚期或更晚些到处都有以细石器为特征的文化遗址。这就提出了中国存不存在类似欧洲以细石器为主体的中石器时代文化的问题。在华南，一直到旧石器晚期，石器未有细化过程，再晚到新石器时代，也没有以细石器为主体的一个历史阶段，华南从旧石器到新石器的过渡有其特殊性。一到全新世，这一地区的洞穴遗址多出现螺壳堆积，这可能与全新世海平面上升带来的人口迁徙有关。因为最后冰期时海平面比现在低 130 米左右，现在的珠江口岸和大陆架当时都是陆地，进入全新世后，海平面不断上升，人们随着水浸往北退到珠江三角洲腹地，有的退到西江和北江地区的山前地带。很可能，华南由旧石器时代向新石器时代的过渡，不是因为生态环境的变化，而是与海平面上升、人口迁移相伴随的。这种转变同西亚前陶新石器文化也不一样。这说明中国从旧石器时代向新石器时代的过渡，不同地方走着不同的道路。我国新石器时代存在三个不同的区域经济文化类型，即（1）黄河流域以粟作为主的旱地农业经济文化区；（2）长江流域以稻作为主的水田农业经济文化区；（3）长城以北包括西北和西藏以细石器为特征的狩猎采集经济文化区，这三个地带从旧石器时代向新石器时代的转变途径各不相同，推及世界范围，也是这样。过去把新石器时代的特点和旧石器时代向新石器时代过渡的标志作统一的概括，现在看来显然不行了。尽管如此，这个过渡阶段却是普遍存在的。

新石器时代，产生了区域性文化，每个区域后来发展成不同的民族，所以区域性文化即是民族文化区的萌芽。在此基础上产生不同的文明。在各个早期文明中，以黄河中下游、长江中下游的较为发达，在中国境内处在核心位置，形成既是多元的又是相互联系、相互作用的一种结构。我国的地理环境，自成一个相对封闭的区域，是对外文化交流的大障碍，西高东低、三级台阶，背对印度河文明和地中海文明。这种格局使得中国文明的起源只能是独立产生的。产生的地区尽管是多源的，但又自然形成向心力，向心作用和辐射作用结合在一起，构成一个有机的整体。这种多元一体结构一直影响到以后中国的发展，是中国文明得以持续、稳定发展的一个根本原因。而不是像有的人所说的那样，中国人本性保守或单纯从宗教等意识形态中去找原因。这种理论区别于"中国文化西来说""中国文化单中心说"或"孤立发展说"，也不是一种各自不相联系的多中心说。

人的认识往往要走曲折的道路，不是一下子就能认识得那么准确。现在我认为中国文明起源的这种提法比较符合实际。今后是否还会有更好、更完善的表达方式，现在还不好说，以后如果有再作修正也不迟。

李：您在论述中国史前文化的统一性与多样性时，曾提出过一个"重瓣花朵式的向心结构"来概括我国史前文化的全貌。这个"向心结构"与您现在提出的中国文化起源的"多元一体"模式有些什么关系？

严：以前提出多元性和统一性的结合，形成重瓣花朵式的向心结构，是从史前文化的谱系来谈的。后来费孝通先生在论述中华民族的形成和发展时，提出了多元一体结构的概念，可说是不谋而合，所以我最近谈中国文明的起源和早期发展时借用了这个概念。两者涉及的问题虽不大相同，在年代上也略有早晚之别。但两者又是相通的，史前文化的基本格局为后来奠定了基础，中国古代文明的模式则是史前文化的延续和发展，过去的想法与近年根据考古新发现所做的概括与综合基本上是吻合的，两者衔接起来了，这使我有了一点自信。

聚落形态研究的思维方式及其可操作性

李：据了解，近年来您投入了很大力量进行或组织聚落形态的研究，并已取得了一批成果。请问您是怎样注意到这个领域？又是从何时开始考虑这类课题的？

严：史前考古要研究历史，不能限于谱系。历史是多方面的，有血有肉的历史，因而有必要对考古遗存进行深入的解剖。我这些年花了些力气搞聚落形态的研究就是出于这一想法。中国史前考古，包括新石器时代考古在内，在1949年前主要是一些调查和小规模的发掘，发掘的方式多半是探沟，所得结果只能是对文化特征进行一些描述和概括，或者对文化关系进行一些探讨。对当时的社会和生产技术、意识形态等方面则很难得以深入的了解。1949年后，学习苏联，在新石器时代考古方面突出表现在西安半坡的发掘。从1954～1957年，集中了很多人力，挖了很大面积，当时的目的很明确，就是全面地揭示一个氏族公社聚落的各个方面。如果讲中国的聚落形态考古，当由此算起，当时已是有意识地搞聚落。苏联考古学者在乌克兰发现的特里波列文化，有围成圆圈的房屋，房里发现女性小塑像，苏联学者认为这是母系氏族的聚落遗址。现在看来其证据很不充分。那时，我们是简单地学苏联，忽视了中国遗址的特点。苏联很多遗址延续时间短，层次较简单，我国的遗址则延续长，层次多。半坡就至少可分三期，第一期可分两段，前后经历时间将近 2000 年之久。发掘报告没有牢牢把握分期这个环节，往往把不同时期的文化遗存放在一起来探讨它们在空间上的相互关系，自然不太可能得出正确的结论。但不管如何，它开了个头，从一个聚落的整体来探讨问题。到后来，经过宝鸡北首岭的发掘，特别是以后经过姜寨遗址的发掘，对于整个村落房屋布局的研究应该说有了相当的进展，这已到了 70 年代。美国的聚落考古已经讲得很热闹了，这促使我进一步思索：我们是否也应有计划地开展聚落考古？比如聚落与聚落相互间的关系如何？对一个大型聚落群又怎样来进行考察？在聚落内部有否存在各种不同的形态？半坡、北首岭和姜寨有否只是其中的一种？所以，在 70 年代后期至 80 年代，我在对许多遗址的考察中，集中考虑了这些问题。

李：当时您对聚落考古的关注主要出于哪些方面的考虑？

严：一方面是从社会发展的模式这个角度来考虑。我相信社会的发展是有规律的，又是多样化的。另一方面，也许是更重要的方面，则是从那些已经发现或发掘的考古遗址的观察上得到的启发。

我看到半坡、北首岭、姜寨和大地湾甲址，它们均属同一时期，文化性质都一样。属仰韶文化半坡类型，都是一种向心式、凝聚式的结构，里面没有太大的分化。但后来的遗址，房屋之间明显不一样，而且它们也不很集中，与墓地的关系也不一样。对墓地的观察也看出了类似的现象。由此开始，逐步注意到后来聚落形态的变化，试图找出一些带规律性的东西。

李：根据您的实践经验，可否简要介绍几个聚落形态观察的典型实例？

严：一个是对良渚文化遗址群的观察。我对良渚进行过多次考察，那个遗址群特别值得注意。很可能是整个良渚文化的一个中心区域。尽管它的位置并不在良渚文化的正中，但它的文化应属中心区域。第二个方面，中心区内应有个中心遗址，通过反山、瑶山的发掘，我更加相信有这么个中心遗址。由于扩建公路而在反山东边的大观山果园发现了许多红烧土坯，我和浙江的同志们进行了考察，证实那里有大型的人工台基，这个问题便基本上得到了证实。如果还是同过去一样，挖几个探方，挖出几座房子，是难以正确估计良渚文化的发展水平的。

湖北天门石家河遗址，在20世纪50年代就已发现，但缺乏对整个遗址群的调查与分析。后来我和省地的同志们去考察了一下，认定这是石家河文化的一个中心区，在这个中心区内应有中心遗址。后来通过几年的调查与发掘，初步查明了那里有一座很大的城，从而对那个聚落群才有比较符合实际的认识，也才能正确估计整个遗址群在石家河文化中所处的地位。

从聚落形态发展来观察问题，从这样一种观察来计划自己的工作，定出一个作业方案，然后又结合分析一些文化的情况，就有可能得到丰硕的收获。比如，甘肃秦安大地湾，出土了仰韶晚期那么大的房子（F901，包括屋前广场，总面积达420平方米），觉得那个遗址本身很不一般，很想进一步了解整个聚落的情况。于是，我们沿着梯田一个台阶一个台阶地跑，结果发现许多房屋基址的露头，甘肃的同志们经过仔细考察，差不多发现了上千座房子，这当然是一个中心聚落，说明当时社会已有分化。

内蒙古岱海地区的聚落形态现象与刚才几例不大一样。刚才几个多是从社会发展的角度来考虑。没有着重考虑人与环境的关系，在岱海地区，我注意到了聚落的发展同周围自然环境演变的关系。岱海的东南，地势比较低，有些小山丘，仰韶时期的文化遗存主要见于那里。晚些，相当于龙山文化的早期，遗址迁到岱海西北边的山坡上，遗址的高程也变高了些，这可能与岱海的水位变化有关。后来，有一个北京师范大学地理系的老师在那里搞古环境研究，证实当时确是雨量多、水位上升的时期。这是环境方面引起的变化。再一个因素是社会的影响。龙山时期的遗址在山的斜坡上，距离下面的平地较高，现在爬到遗址上去仍很不好走，有的还有石头围墙。显然，这与这个时期战争开始成为一个严重的社会问题，人们需注意考虑防务有关。如果从生产、交通方便的角度看，遗址都不应该位于那么高的山坡上。这些聚落（较大者如老虎山）每隔几里就有一个，时期相同，形态相似，其间应有关系。这样就不是把聚落孤立起来看，而是联系起来看。当然，这里有待发现新的证据；证明聚落之间确实有实际的关系。现在所能依据的是其房屋建筑、各种遗迹和遗物都差不多。此外，还需别的指示物。

在广东，1985年我有意识地对各地各类遗址进行了考察。当考察洞穴遗址时，注意到了洞穴外面的堆积，从而进一步考虑洞穴遗址的功能问题。

在考察贝丘遗址时，提出聚落中心区不应在贝壳堆积的地方，考察的结果确是如此。对沙丘遗址，有人怀疑它不是遗址，以为遗物是海浪打上来的。通过观察陶片，发现碴口较新，显然不是海浪打的，加上有的地方发现有灶和柱子洞，从而可以肯定是遗址。这些遗址能否说明原始人只是生活在沙丘上？我看很难。因此，沙丘遗址应与山岗、贝丘、台地遗址的研究一起加以考虑。现在，这种思想已为很多人所接受。在"珠江三角洲古文化学术讨论会"上，很多同志的发言都提到了这一点。这样，就把环境的变迁与聚落遗址的不同形态联系起来加以考虑。

李：在那次会上，您提到了聚落形态考古有它自己的思维方式和工作方式，其具体内涵有哪些？

严：总的来说，聚落形态研究或聚落考古，是要对聚落本身进行比较，进行不同层次的细致观察。在此基础上设计一种比较符合实际的作业方式，然后获得应该得到的历史信息。因为不同时期有不同的聚落形态；不同的地理环境、经济形态也都会产生不同的聚落形态。因此，对一个具体地方，某一个具体时期的遗址，就要把它放在这个宏观的框架上进行观察。对一个聚落进行细致分析时，如当调查一个遗址时，就得考虑：这个遗址哪个地方是中心区？假若是住人的，住在哪一边？哪些地方是倒垃圾用的？哪些是埋人的墓地？对此，有些遗址只靠地面勘察是难以明确划分的，而有的遗址则勉强可以做到。如果你难以在初步观察的基础上做这样的划分，可搞钻探或试掘，得到初步认识，在此基础上就可设计出作业方案。我在做聚落时，做过一般的村落遗址，也做过一些较大的城址，如周原和纪南城。一个较深的体会是，要发掘一个遗址就要发掘足以代表遗址性质的最主要的地方，而不是相反。传统思想认为，当你对一个遗址还不了解时，你应先挖它的边缘，挖那些不重要的地方。意思是那样做比较保险，即使挖坏了也不要紧。但据我多年的工作经验，以及我对别人工作的观察，我认为若这样做，很可能把一个遗址一点一点地敲掉，敲完了还不知道它到底是怎么回事。

再说刚提到的周原遗址。在发掘前，我从地形图分析认为凤雏和召陈地位重要，但到现场看文化层很薄，也没有几块陶片，在凤雏我从路边水沟看到了夯土，它既不像墓葬的夯土，也不像城墙的夯土，延续了较长距离，而且有一段夯土上还有人踩的路土。根据夯土里面与附近的陶片，可以认出是周代的遗物。我意识到这是一个重要的遗迹，说不定是一个宫殿基址，由此我就决定挖那里。我还根据地形预测了建筑遗迹的大小以便有计划地布方，发掘证明那确是一座宫殿基址，所布探方正好盖住了宫殿遗址，仅仅略为大出一点，这是很难得的。我自己通过这个工作，建立了信心：就是通过地貌和暴露遗迹的观察，来判断遗址的性质，设计工作方案，最后达到预期的结果。在凤雏发现西周宫殿基址的同时，在召陈也做出一些单体的宫殿基址，时代比凤雏稍晚，也属西周。此外我们还发掘了云塘制骨作坊和庄白铜器窖藏，这样，整个遗址的格局就初露端倪，其重要价值已是不言而喻，规划下一步的工作也就有了依据。再说遗址保护的理由充分了，申请经费也能得到理解，工作开展起来就顺利多了。与之相反，过去有些明知是都城级的遗址，就是不敢挖，搞了许多年还不知道中心在哪里。这样许多工作就跟不上，现在已破坏得不像样子了。我由此建立了一个基本的思想：在发掘一个遗址时，只要条件允许，就应在最能反映遗址性质的地方动土。把它提到工作方法上讲，就是要抓关键，拉网要把住纲绳，纲举才会目张，否则网就越拉越乱。同样，当有一群遗址时，就要找中心遗址。中心遗址找出来之后，这一群遗址的相互关系就好理解。再推而广之，当研究一个考古学文化时，就要找中心区域，中心区域明确后，对文化的整体水平，它与其他文化的关系，也就较好解决了。这是一步步推演出来的。

再回过头来，在一个聚落遗址内，工作局面打开后，就要尽可能搞清楚整体布局、各种遗迹的功能和相互关系。如果这些方面弄不清，你还是一堆房子，就很难进一步思考它所反映的社会问题和历史问题。我在研究仰韶文化的房子时，除了研究平面布局和建筑技术外，特别注意到被火烧毁的房子，里面的器物没有搬走，还保留原来的布局，这就有助于我们了解房子的用途与它的功能。里面能住几人，这些人使用什么器物，有无自己的贮藏，能否构成一个完整的消费单位，有没有作为生产单位的可能？等等。当然，在考古发掘中，大量的房基只是空框子，难以提供许多信息。但是，对一部分还保留有这种遗迹的房子，便深入、细致地对其进行观察和分析，其他房子可据形态、位置作适当推导，就能把问题一步步引向深入。现在看来，在史前时期，在新石器时代，不但有居住的房子，还有宗教建筑、经济性建筑和公共活动所用的建筑。把这些不同功能的房子，它们的布局、相互关系搞清，显然有助于对当时社会的深入研究。

李：这样看来，聚落考古的思维方式已是一套从实践中提炼出来的理论模式。

严：这既是一种理论思维，也是一套作业方案，是可行的。由于它具有切实的可操作性，所以可用这种思想来指导田野工作。光停在理论思维上，不能对实际工作起指导作用，这种空头的理论是没有多大价值的；反过来，如果只知道挖，把房子做得很漂亮，最后不能提到必要的历史高度来说明问题，价值也不大。

我们大学培养的学生、研究生，应在这个层次上思考问题。通过自己的工作，进一步探索如何使这个方案更精确，捕获的信息更多，信息的可靠性、科学性更有保证，这样，研究问题的深度就会沿着这条线愈益提高。任何科学都是如此，都是不断地向深度、向精确度发展。我们这代人只能尽我们的能力把它做得好一些，但不能期望我们把史前社会的一切问题都说清楚。聚落考古的这种思想不是首先在我们中国产生的。美国人讲得多些，他们强调这是他们发明的。其实苏联人早在1935年发掘特里波列文化遗址时就强调全面揭露整个聚落遗址。他们是从一种社会学模式出发，想全面复原一个氏族公社生活的各个方面，这实际上就是聚落考古的研究方法。但苏联的方法太简单，又不大注意聚落与环境的关系。相对而言美国人做得稍好一些，可借鉴的地方多一些。我们根据多年来的实践，工作一步步开展，自己总结出一些经验，提出一些问题。同时也注意到了苏美和其他国家的经验，相信会走出一条比较成熟的路子来。

滚雪球效应：方法论的思考

李：您上面所概括的这套聚落考古的思维方式，与您曾对标型学的专门论述有很多相通之处。如强调典型遗存的分析，由一个单位再到一个遗址，像滚雪球般越滚越大。循序而进，步步为营，最后不仅能得出较为合乎实际的认识，而且常常可以将认识逐步深化。您的这一套方法是怎样形成的？

严：这与我学哲学有关。哲学是讲认识论的科学，就是让我们的认识比较符合客观的情况。那么，认识是怎样来的呢？认识是从局部的实践来的。先一个局部一个局部的认识，然后把它们进行一些概括。开始可能是低层次的概括，当这些概括多了以后就可进行高层次的概括。每种概括又可回到低层次检验。总是这么来来回回。普遍性的法则总是存在于特殊的现象中，如果没有很多个别现象、个别情况的积累，那就没有综合，总结不出规律。所以，我特别强调实际工作。因为我通过实际的工作，总结出一些概念和普遍性的认识，然后把这些概念和认识拿到实践中去检验。一次检验成功之后，你的自信心就会加强一些，两次检验成功，你的自信心就更强了。类型学的研究也好，聚落形态的研究也好，都是这样。任何科学都应经得起检验。如果经不起检验，尽管你说得好像很圆满，实际上你自己都不相信。如果我有一个什么样的认识，提出来后，不能得到一些实际工作的验证，我就不能认为这是具有科学价值的见解。写文章也一样，当然也会有灵感，这种灵感一来，产生一些想法，有时就把文章写出来。然后，进行冷处理，有两种冷处理的方法，一种是自己给自己提反问题，看能不能驳倒它；另一种是文章写好后觉得有些地方不落实，就暂时放一下，看还有没有新的发现，新发现与我的观点有没有冲突，有冲突就要重新考虑。我不是说我每篇文章都有这么个过程，但我很多文章大致是这样，写出来先放一放，不愿抢风头。

我在《仰韶文化研究·前言》里，谈到过自己研究仰韶文化的基本过程。年轻时考虑大问题，当时研究仰韶文化，有关仰韶文化是如何发展的？独自发展的还是别处传来的？周围文化对它发展的作用如何？它自己的内部结构怎样？它的社会是一种什么形态？这些问题我都想过。50年代末60年代初，学术界探讨仰韶文化的类型——半坡类型与庙底沟类型之间的关系，仰韶文化的社会性质——母系还是父系？我当时就感到，这两个问题提得都太简单，仰韶文化不是这两个类型可以概括的，社会性质也不只是母系、父系所能回答得了的。但是，要把这些问题弄清楚，靠当时积累的材料和研究成果，还无法解决。所以，我就一个遗址一个遗址地做工作。比如，当时谈半坡类型和庙底沟类型孰早孰晚的问题，我直观看到半坡遗址有庙底沟的东西，因为当时分期也没弄好，它是半坡类型的组成部分呢还是不同时期的东西？还不清楚啊。不清楚又如何谈它俩的关系？另外，当时也有人指出，庙底沟遗址不单纯，应分为不同的类型，那我也得把庙底沟的东西理一理，看是不是可以分为不同的类型。我仔细分析的结果是，庙底沟可以分期，但不能划分为不同的类型；半坡遗址不仅可以分期，也可分类型，而庙底沟只是相当于半坡遗址中间的一期。这样，半坡遗址有早、中、晚三期，中间一期相当于庙底沟遗址。把半坡三个时期作为一个类型来谈它与庙底沟类型的关系，这怎么谈得清楚？工作进行到这一步后，再把其他遗址一个接一个地清理。在这个基础上适当扩大范围，按小区来概括文化分期和文化特点。然后，再来总结整个仰韶文化的分期与地方类型。得出这些认识之后，再回过头来，找任何一个遗址，看能否归纳到我这个体系里去，归哪一期，属哪个类型。如果有地层关系，它的地层关系反映的年代顺序跟我所建立的体系是一样还是不一样？以后出来了许多碳－14的测试数据，又看看所得数据跟我排的序列是否一样？以后又发现了像老官台文化、磁山·裴李岗文化这套早于仰韶文化的东西，它们与我的体系中仰韶文化早期的接近还是晚期的接近？如果与晚期的接近，就说明我搞错了。实际发掘的结果证明这些都是顺的。还有，晚于仰韶的遗存，与我的仰韶分期比较，是跟早的像些还是与较晚的像些？结果均是晚的。这样，这个体系就获得证实了。这便是从个别到一般，然后从一般到个别的研究过程。这样来回地反复研究，反复验证，最后得出一个比较满意的结果。所以，在开始讨论半坡类型与庙底沟类型的关系时，我不是没有看法，我那时讲课就曾对学生讲过，不过我没有写文章，当时没有条件在这个层次上来谈这个问题，更没有条件对整个仰韶文化谈什么分期和类型。所以，我花了很多工夫去一个遗址一个遗址地做，这看起来似乎很笨，但我认为这一步是必须要做的。不走这一步，以后这个框架就是建在沙滩上了。当这项工作进行到一定阶段后，我就开始对仰韶文化的生产力、经济发展水平、聚落形态、埋葬制度等一项项地进行研究。有的资料无法纳入这个框架就只好割爱。例如半坡遗址，发现了大量的打制石器、骨器、陶片等器物，我在讲仰韶文化的生产工具发展时就没有用。为什么？因为那个报告本身不能提供给我这些东西出在哪一层。层位都没有，我就不知道它是哪一期的。半坡遗址有好几个时期，前后拉了差不多 2000 年的距离。你把它都揉在一块，来谈仰韶文化生产工具的发展，这如何谈？与其用它谈此问题，倒不如把它放一边，不用它。这里，我由一个事情得到启发，就是尹达在写《中国新石器时代》一文时，就只用了一些经过科学发掘的比较可靠的资料。还有些别的资料，因为他无法判断，就没有用。也就是说，他认识到的东西他就讲，没有认识到的他就不讲。以后再认识到再讲也不晚。现在看来，那篇文章在当时是写得最好的。相反，同时期别的学者，比他更有学问、更有权威的学者，问题谈得很多很大，但因对资料的处理没有那么严格，许多论点后来都站不住。我得到这个启发后，就照样处理，这样仰韶文化的生产工具和生产力发展的脉络就清楚了。又比如说我在谈它的房屋的发展时，如果分期没有弄好，把早的当成晚的，把晚的看成早的，还怎么弄得清楚呢？如果谈聚落形态的发展，把晚的聚落形态与早的混了，还怎么能谈得清它的发展？全面弄清时空框架和文化谱系是个基础，在此基础上才能向前迈步。仰韶文化研究就是本着这个精神来做的。因为仰韶文化资料最丰富，所处的地位也较适中，对仰韶文化的研究可以得到许多启发，再去观察别的新石器文化时，心中就比较有数，有很多的方法实际上也是在那儿得到了发展。

李：在我拜读了您的《仰韶文化研究》这本 70 余年来国内研究仰韶文化的唯一个人专著后，我有一个感觉：您的仰韶文化研究的成功，一定程度上在于您有着正确的方法。过去人们在谈到仰韶文化的研究成果时，一般多是注重目前所已取得的认识和结论，似乎忽略了对研究方法的总结。虽然说方法总是蕴含在一定的研究过程和结果之中，但它又可以抽取出来化作具体的工作步骤，并用之于实践。您潜心研究仰韶文化的成果已是众口皆碑，但您在仰韶文化及其他研究中应用和积累的这些方法套路，被了解和吃透的恐怕不多。而其意义当不亚于一定新观点的提出，一个错误认识的更正。可以说，通过您和一批前辈学者对仰韶文化的研究，已经找到了一把"开启整个中国新石器时代考古学研究的钥匙"。

严：现在看来，对仰韶文化的研究还是很不够，还应做得更深入些。这里，就涉及考古学的进一步发展的问题。我在"纪念仰韶村遗址发现 65 周年学术讨论会"的讲话中提出了一些想法，现在也还是值得探讨。

李：您在那次长篇演讲中提出了不少具体的方法。如浮选法、模拟实验和石器微痕研究等。六年过去了，这些方法似乎还鲜见应用和推广。而这并非不必要。其症结恐怕就是您当时也着重提出过的开阔思路的问题。就仰韶文化的研究而言，应该怎样打开思路呢？考古学的思维方式应做什么样的调整？根本是否在于观念的更新？

严：观念的确需要更新。观念的更新又有很多方面。举一个方面的例子，对仰韶文化进行分期、分类型的根据是什么？一般是根据地层关系和对文化遗存的类型学研究，而类型学在很大程度上靠的是陶器的形态、花纹的发展规律的研究。这个方法是行之有效的，但也有其局限。因为陶器的形态、它的类别和组合、装饰花纹等，都与文化传统相联系，与每个时期的风尚相联系，与一些不同地区的地方性特征（如地方风格、不自觉中产生的差距）相联系。因此，根据类型品来进行分期和文化类型的划分，在一定程度上能反映出人们的相互关系或人们的集团的发展阶段。但是，一个人类集团的形成有很多因素。人的集团种类很多，在原始社会主要是部落、部落联盟、胞族、氏族等组织。这些组织有其共同的文化传统，共同的语言，共同的生活习惯。这些东西会在陶器上反映出来，也会在别的方面反映出来。在陶器交流较多的情况下，假如两个部落或两个部落联盟在陶器上交流多一些，那么，他们的界限就难划了。但是，如果从埋葬习俗上来考虑就不同了，埋葬的习俗应该更能体现一个人们集团的文化传统和宗教观念。不同的部落，假如他们有不同的埋葬习俗的话，是不好相互学习的。而陶器是可相互学习的。如果我们从埋葬制度上划出一个文化圈，它就不一定与陶器所划出的圈完全一样。因为，如我在分析半坡类型的埋葬制度时，发现至少还可以划四个圈，而这几个圈从陶器上难以划出来。在分析半坡类型的房屋时，发现房屋形态也可以划圈。依据房屋所划的圈，与依据墓葬所划的圈不完全一样，与陶器所划的圈也不完全一样。这里说明一个什么问题呢？说明我们只用一个指标来进行文化的分析有着相当的局限性和片面性。

现在西方和日本考古学界比较重视技术传统的研究。如日本对陶器的研究，不仅研究形态，也研究制法，研究纹饰的制法，研究这种制造技术的传统，不是像我们过去那样简单地分为手制和轮制。手制有各种各样的手制，轮制有各种各样的轮制，就像我们研究后来的瓷器那样，有不同的窑口，反映了不同的工艺技术和不同的文化传统。日本考古界可以根据技术传统划出一个文化圈，划出的这个圈与根据陶器形态所划的圈有一致的地方，也有不完全一致的地方，这又是一种参照。如果我们能够把所有信息汇总起来，研究每一个方面在反映人的集团上面的功能，然后把它综合平衡一下，来看看这个文化或文化类型究竟怎么划好。那就比仅仅根据陶器的形态的类比所划的圈更能反映当时的实际。

现在，有些年轻学者在这方面提出了一些设想，但没有形成一种作业方式。各种指标和参照系在反映社会集团方面的功能和作用应该不太一样。这需要论证，现在缺乏这样的论证。如果我们能把这些方面解决得好些，考古学文化的研究就会比现在上一个大的台阶。所以，应该是探索、探索、再探索。不要自己给自己划框子。我向来不赞成对年轻人的探索指手画脚，我鼓励他们积极探索，当然也需加以适当的引导。

在进行仰韶文化的研究时，我是不是考虑到了这些问题呢？考虑到了，但仅仅根据现有的资料去做这样的分析研究，很困难，如果今后我们的田野工作在这样一种指导思想上来做，那以后积累的资料要比现在好用得多。这仅是一个方面的例子，说明有些观念需要更新和发展。当然，有些基本的东西需要坚持，如地层划分，不能不划，不能不据土质土色来划，划了还要有合理的解释，要把所有遗迹遗物都纳入地层关系的序列之中。这是基本的、ABC的东西，总是要坚持的，不能忽视。但一些深层的研究，方法论上的、理论上的探讨，应该解放思想，应该敢于实践，不断总结。

李：越来越多的青年考古工作者都有这种探索的渴望，同时也面临着很大的困惑。在您看来，这种理论上和方法上的探讨，应该注意些什么呢？

严：年轻人的优点是没有老框框，思想较活跃，容易接受新东西，他们往往有闪光的思想。但年轻人对科学研究的困难、难度估计不足，有些年轻人看到老学者出现的不足甚至错误觉得难以理解，想走一条崭新的路。我自己也有过类似的阶段。1958年时，形成一股热潮，对旧考古学否定多，想完全走一条新路。但在这个过程当中，不断碰鼻子。由此，我就发现不对头，还是应当虚心向老专家学习。学习就要会学，不是百分之百把老师的东西都接受过来，老师也不欢迎这样，老师总是希望青出于蓝而胜于蓝。所以，需要思考，在尊重老专家的前提下，在他们的指导下，进行自己的探讨。我想这两个方面不应偏废，一个人不能在荒草地上成长起来，这根本不可能。另一种倾向是全盘接受，亦步亦趋，这最没出息。应该是持一种分析的态度。对国外的同行，对他们的探索，也要有一个分析的态度，再与自己的研究工作结合起来。

李：在学习、借鉴国外考古学的理论、方法方面，如何才能学有所得，学有所用？

严：对国外考古学的情况，以前我们很不熟悉，改革开放后知道了很多新名堂。现在吸收较快的是自然科学手段，如科技考古、环境考古等，这方面的成绩大一些，工作也较扎实。另一方面，是理论上、方法论上的探讨。现在有些西方的东西被介绍进来，有些启发，但不能生搬。有人把西方考古学分了十几种流派，五花八门。究竟哪些好，哪些不大成熟，要花点力量去了解，做些分析，最好能参与他们的工作，参与他们整个课题的研究，了解他们的实际工作方法。我们也无妨在国内进行一些试验，而且不仅仅是取一个模式，不管是什么样的考古学试验，那些最基本的东西，像坐标、地层等总是不能丢的。就整套历史理论而言，西方的不是没有一些精彩之处，但整体上没有一个比得上历史唯物主义。西方也有不少考古学家同意历史唯物主义的某些概念。我们自然更应加强这方面的学习。掌握历史唯物主义的基本原理，在这个基础上去分析、研究现时的各种考古学流派。对的为我们所用，错的当然要扬弃，这是学科成长道路的必然过程。

"龙山时代" 的前因后果

李：十年前，您提出的"龙山时代"概念，澄清了长期以来龙山文化命名上的混乱状况，并且为我国文明起源问题的探讨做了准备。可否请您谈谈提出这一概念时的基本思路和今天您对这一时代的新的认识？

严：当时的思考是指相当于龙山文化的时代，这是一个私有制、阶级和国家产生的时代。这个时代的考古学研究的深入开展，具有重大的理论意义。这就是中国从原始社会向阶级社会的过渡应具有中国的特点。尽管当时还不能明确指出是哪些特点，但已意识到会存在某些特点。把这些特点总结出来，对世界史的研究将有很大贡献，中国在世界史上的地位也会更明确。

其二是与考古学的发展有关。过去我们发现一个文化就命名一个，这就必然有一个总结、调整的过程。如龙山文化，当时为了区别又划分为山东龙山文化、河南龙山文化、陕西龙山文化、江苏龙山文化、湖北龙山文化等。这种以现在省名来命名的方式，发展下去会产生很多混乱。出现了本来面貌相同的东西被叫成两个文化，而不相近者反而叫一个名称的现象。这不符合考古学的实际，需要调整。调整的方式是按照实际情况区分为若干考古学文化。考虑到这些文化处于同一时代又互有联系，所以统一命名为"龙山时代"，这一名称的提出，已为考古学界所接受。

十年过去了，考古学有很多新的发现，探索文明起源重点就在这个时代。原来预感的这个时代的意义——即一个文明起源的时代，阶级产生的时代这个意义显得更为清楚。

时代总有它的边界。龙山时代之后，是以二里头文化为代表的早期青铜文化，两者界限比较清楚，原来想的与现在揭示的情况相符。但前面的界线在哪里？当时没有明确讲。而有两个想法：一个是把庙底沟二期包括进来，为早期龙山；一个是不把庙底沟二期包括进来。但我在研究仰韶文化时，把庙底沟二期当作仰韶文化的最后一期，也很顺，与大汶口文化的最末一期年代相当。否则把中原龙山提到庙底沟二期，而山东的龙山文化就比这晚了一段，会自相矛盾。从现有材料看来，还不能明确地、妥善地解决这个问题。我认为比较明确的是，在仰韶前、后期之间划一条线，包括在大汶口前、后期，红山文化前、后期之间划一条线，即大体相当于公元前3500年。在这之后，社会才开始有明显的分化现象，在此之前不明显。但是，我们不能从这个时候起叫龙山时代，因为要顾及过去的习惯。如仰韶村遗存，多属仰韶文化的Ⅲ、Ⅳ期，即后期，以前的反而很少。如果把以前的叫仰韶文化，后面的叫龙山文化，这就与过去的概念不一样了。我想，不一定急于把这个事情明确下来。有时，我把庙底沟二期这一类遗存，称之为仰韶文化向龙山文化的过渡期遗存。如果是这样，在探讨龙山时代的起始阶段时，归在一起谈也未尝不可。这是在提出这个问题后，对其内涵与外延的基本限定。

在分布地域上，到现在仍没有什么需要调整的。至于这个时代具体的文化内容，已有很多的变化。在我写那篇文章时，还没有发现一个城，而现在很多城址都已发现了；那时铜器还很少，现在这方面材料增加了许多；玉器的发现就更多了。有的学者甚至提出"玉器时代"的概念，我不赞成这个提法，因为它与考古学传统的命名方法不一致。但这个时代在相当部分地区出现了很多玉器，则是一个很值得注意的现象。这种现象对说明文明的起源、社会的变化与发展也是一个重要的因素。这些都是近十年来的一些发展。这些发展在龙山时代的整体理论框架上，并不需要太大的调整，还是与我原来对这个时代的估计差不多。现在的进展，在于我们对私有制、阶级和国家的起源，原来差不多把它们放在一块来谈，现在看来它们是有一个时间的进程。在龙山时代的遗存里，研究私有制怎样产生，怎样从财富分化到社会地位的分化、阶级的产生再到出现政权和国家，很明显有一个过程。历史就是过程，没有过程就没有历史。过去在这些方面仅能从逻辑上分析，现在对龙山时代考古材料的分析，就取得了很大进展，因而具有重要的理论意义。现在我们可以认定，文明的起源，起步在公元前3500年。但这并不等于说自此开始就是文明时代，只是吹响了向文明进军的号角。待各阶段和各种文明因素成熟了，才是文明时代。什么时候进入文明时代呢？对此不必急于做结论。但可以肯定的是龙山时代正是文明起源的时期，是私有制、阶级和国家产生的时期，这是龙山时代提出后考古学研究取得的一个大的进展。

再一个进展，是认识到了在这个总体进程中，各地方的不同特点及其发展的不平衡性。过去只是看出一点苗头，现在则清楚得多了。江浙地区良渚文化的人工坟山、精美的玉器，在中原没有。说明其社会发展的表现形态不一样，社会的实质也会有些不一样。揭示并承认这种社会的文化发展的不同特点和不平衡性，这是研究真实的历史，而不是社会学的公式。

龙山时代的提出，也有助于它后一阶段问题的认识。相当于夏的这个时期，其生产力水平和社会性质的复原有了一个重要的参照系。过去对于夏的估计，有不同的看法，如认为夏没有进入阶级社会。而通过前面的观察，就改变了这种看法。过去注重的是夏、商、周的中心地区，对夏、商、周以外的，注重得不多。其实，在夏、商、周以外的地区，也还有高度发达的青铜文化。这些认识的产生也与龙山时代的研究有关。例如，山东岳石文化的发现与研究恰好填补了夏代的东方的空白。江浙地区的夏代文化面貌还不清楚，在良渚文化之后应有其位置。当然，它的相对位置已经降低了、萎缩了、退化了。又比如中原地区，在龙山时代地位并不突出，但在夏、商、周时代便非常突出，其中必有一个发展过程。如果不注意周围同时期及以前的考古学文化，对问题的看法就会有偏颇。

从上面这个意义上讲，提出龙山时代，不仅是关系到夏怎么起源的问题，而且关系到中国文明是怎样起源这样一个问题。这就促使我们去注意龙山时代之后各个文化区的情况。而以前我们总在中心区转，没有进行全面的观察。

岳石文化识别得晚，现在工作也还有限。其时的城子崖城墙，有版筑夯层，很是结实，与二里头的夯土技术相差无几。它的文化发展水平也不低，铜器量少，但很有意思：其器物形态（如铜环、箭头、小刀之属）与二里头文化、夏家店下层文化的一样。作为当时最先进的工艺，传播得很快，否则其形态不会这么一致。相比之下，相互间的陶器则差别较大。虽然其彩绘陶与夏家店的彩绘陶有些近似，也许有些关系，但不一定是学过来的，因为其器类和彩绘的技法都不太一样。再参照夏家店下层石头城的大量发现，我们可以认为，假如二里头文化就是夏文化的话，那么夏代的东方和东北方也都已形成了早期文明。这样，中国文明起源和形成的地点就不能再局限于河南二里头了。这样的一种进程，使得三代文明成了好些地方文明因素的汇集。夏、商、周都吸收了周邻各个文化的因素，形成各自的文明。同时，中原的文化因素也传到四周，对周围文化发生影响，相互渗透，联成一体。形成一种多元一体的格局，最后发展为现代以汉族为主体的统一的多民族国家。

考古学的认识目标

李：在现代考古学里，自然科学的应用越来越广泛。考古学这种跨学科特点是否给我们提出了新的要求？

严：现代科学技术在我国考古学，特别是史前考古学中的应用，确实产生了积极的作用，在我国也涌现了一批成果。如科技大学的王昌燧分析陶器中的长石，来探讨陶土的来源，有时就涉及一些重大的问题：一个遗址有两类因素，哪个是本地制造的，哪个是外地输入的？江苏新沂花厅村墓葬出土的陶器就有这种情况，它进而可以有助于说明良渚文化某部落对大汶口文化某部落的征服。又如环境考古学，科学院的周昆叔搞孢粉分析已积累了一定经验和成果。古脊椎所的祁国琴搞姜寨动物遗存的研究，不同于通常那种仅挑些标本进行种属鉴定的做法，而是还考虑骨骼的分布和形成现在状况的原因等。我系的一些年轻教师在甘肃进行的环境考古学研究，则是通过调查遗址的分布来了解文化与环境变迁的关系。

总的来说，自然科学的应用越来越引起我们的注意。这方面的工作使得考古学获得的信息更多，更精确，也更为可信。作为一个考古工作者，要了解这种发展的趋向。发现一样东西后知道找谁去测试，知道哪些方面可进行实验研究。正是出于这种考虑，我们在系里给本科生加了一些理科的课程。如"科技考古""现代科学技术在考古上的应用""孢粉分析"和"计算机操作"等。以后还要逐步完善。学生学得太多也不行，消化不了。要把基本的常识传授给他们。

我们这一代只能完成我们这代人的任务。我们这代人有很多弱点，一是不很了解国外，在我们的下一代应改变这种局面。二是专业太窄，很多人自然科学常识缺乏，不适应现代考古学的发展，我现在想着如何从学生的培养方面来逐步改变这种状态。

我自己的研究，如农业起源以及我参加或协助别的学者搞的陶器产地研究、环境考古研究、古器物力学分析、金属成分分析等，是上面这种想法和努力的一个很小的部分，可以表示自己的一种倾向。

李：您刚才说到利用多学科来解决考古学课题的问题，使我想起由历博馆长俞伟超先生主持的"黄河小浪底库区班村仰韶文化遗址综合发掘和研究"项目，那个项目据说是朝这个方向努力的。作为该项目的顾问，您对此有些什么建设性的意见？

严：俞先生让我去当顾问，我还没来得及看遗址，只是相互谈过。我觉得把各方面的人请来进行多学科的研究，这种方式很好。它有助于各种信息的捕捉、提取和综合研究的深入。但有一点需要注意：要充分考虑遗址本身的性质，不能光顾着去建立一个什么一般田野考古工作的新模式。因为这是一个仰韶文化的遗址，所以要了解现在仰韶文化研究到什么程度，这个遗址在仰韶文化中占有什么样的地位，它能为仰韶文化的深入研究提供些什么。具体地说，这个遗址是一个多层次的遗址，便于文化分期与文化性质的研究呢，还是一个具有比较多的遗迹，便于进行聚落形态的研究？如果是前一种，有前一种的做法；若是后一种，又有后一种的做法，这两种不一样。做任何工作，都要了解你工作的对象，了解它的位置和性质，看它能提出和解决什么问题，据此制订出这个遗址的发掘和研究计划。这样的一套作业方式才能落到实处。

俞先生对这个项目有不少的想法。同时，他希望借助我的考虑和别人的一些考虑。我希望这各种想法都能结合起来，使这种多学科结合的正确思路在田野实践中得以体现。

李：我想，我的很多同龄人都同我一样，对您的治学经历、体会和学术道路很感兴趣。虽然说我们可以从您的论著中捕捉到其中的点滴，但没有比请您亲自谈谈更能满足我们的愿望。现在这个夜深人静的时刻，您能给我们谈一些有关您自己的回忆吗？

严：我在中学时，由于数理化成绩较好，打算以后学数学或物理学，当时根本没想到会搞考古。那时是在长沙一中，有一个历史老师讲新民主主义革命史，对我影响很大，高考我报了物理和历史，物理做错了一个大题目，没考上，于是便考到了北大历史系，最初我并不是在考古专业，而是历史专业，想学近现代史。后来苏秉琦先生动员我到考古专业来。这样我便到了考古专业，毕业以后又在那里任教，一待就是三十几年。我是这样极为偶然地走上考古学这条路上来的。

对我的研究方向和学术道路影响较大的前辈，首先是苏公。苏先生喜欢考虑问题，与他谈话对人有启发性，他注意琢磨方法论。比较早一点的，是翦伯赞先生和裴文中先生，因为我开始搞科研时就接触了他们。那时，让我写北大自己编的《中国史纲要》原始社会部分，翦老是我们系主任，又是我的同乡，他特别推荐我去拜见裴先生。其实我与裴老已经很熟，我听过他的课，第一次考古实习也是他带的。翦老和裴老是好朋友。1958年"大跃进"期间，搞什么拔白旗、插红旗，我的思想也搞得很乱，不敢找裴先生。翦老跟我讲了很多话，因为他是老资格的马克思主义史学家，他的谆谆教诲和裴先生的具体指导，使我从那种云山雾罩的"革命"风浪中，走入比较务实的道路上来，弯拐得比较早。

李：您当时较早就有这种清醒的认识，是否与您的个性有关？

严：这个怎么说呢？我是不善空谈，比较务实。

李：除了一些前辈的影响，您的研究还得益于哪些方面？

严：我自己觉得主要有两个方面：一个是田野，田野上我比较注意聚落全面情况的考察；一个是教学，教师面对学生，不能光是材料的堆积，得讲出一点儿道理。这两方面对我的成长道路和研究方向都有相当的影响。

李：谈到研究方向，请问您当时一开始是怎样抓住仰韶文化这个突破口的？

严：当时，考古界，尤其是新石器考古学里有这样两个热门话题：仰韶文化半坡和庙底沟两类型谁早谁晚？这么简单的一个问题，发过很多文章。另一个是仰韶文化的社会性质，是母系还是父系？我当时就觉得问题提得太浅。

我怎么会感觉到太浅呢？1957 年，我在邯郸实习，调查了不止一种仰韶遗存，属于后来被命名为后岗类型和大司空村类型的遗存。后又参加了王湾遗址的发掘，王湾分了六期。然后，拿王湾的一些观察来对比半坡、庙底沟的材料，以及北大自己发掘的泉护村和元君庙的材料。我想：王湾能分很多期，泉护村和元君庙不同，它们跟王湾的哪一期也都不大相同，跟后岗和大司空就差别更大了，但它们都叫仰韶文化。可见仰韶文化并非只有两个类型、两个时期，我想对仰韶文化应该进行全面的研究。后面苏公发了文章（指《关于仰韶文化的若干问题》——笔者），文章写得很好，他的研究方法对我很有启发。我由一个遗址一个遗址做起，再到小区、大区，范围不断扩大。当然，除了看报告外，我还看了很多博物馆、考古队（那时叫文物工作队）里的资料。有了大量的资料积累，使我能进行广泛的对比和全面的综合性研究。

李：从您对仰韶文化、中国文明起源和农业起源等方面的研究中，可以看出一条步步深入的轨迹。就整体而言，考古学研究应该怎样深入？是否应该扩大考古学的认识目标？

严：考古学的目标就是研究历史。从考古学产生时起就是如此。考古学哪一次方法论的变革都是为了更好地达到这个目标而产生的推动。

考古学研究的深入，关键在于思路要开阔，观念要更新。然后，去找方法来实现目标。这样，要紧紧抓住考古学这个学科的性质。考古学是个什么性质的学科呢？

第一，它的研究资料是以实物遗存的方式表现出来的；第二，它研究的目标是揭示古代人类的历史及其发展的规律。

这两点决定考古学研究方法的多层次性。

有人强调，只有找到考古学的统一的理论和方法，才能很好说明考古学的性质和特点，否则就意味着这个学科还不到成熟的阶段。一个学科是否一定要有统一的理论和方法，我看不见得。打个比方吧，数学的统一的理论和方法是什么？我们只能说，数学是研究数量和形态变化规律的一门学科，并没有什么统一的理论和方法。代数有代数的那套理论和方法，几何有几何的那套理论与方法，微积分有微积分的那套理论和方法，如此等等。考古学也一样，为了科学地发掘需要有地层学，为了正确的排序和对比研究需要有类型学。到了考古学文化的研究，就要探究文化是怎样发展的？文化发展的动力是什么？文化之间的关系如何？这又需要考古学文化的理论。为了正确地阐明历史问题，还需要有文化人类学和历史学的有关理论。随着研究的深入，理论和方法也会不断改进和完善，有时甚至可以建立新的理论和新的方法，检验的标准也还是两条：第一，是否能更有效地处理考古资料；第二，是否能更有效地揭示古代人类历史及其发展规律，能满足这两条的就是好理论好方法，反之则不行。有的人看到各种所谓理论和方法，感到很新奇，但不知道谁是谁非，谁好谁次，觉得无法判断，我想这两条就可作为判断的标准。如果自己想在理论和方法上有所探索，也应以满足这两条作为出发点，我想这个道理是容易明白的。

考古学的教学及其管理

李： 严先生，您任北大考古系主任多年，坚持教学、科研和行政管理一起挑，各方面的工作卓有成效，均获称道。请问您是如何把这几方面有机地结合起来的？在考古学的教学及其管理上，您有些什么经验和体会？

严： 在系里负个责任，是不得已而为之。现在办任何事情都很难，这方面要占用很多时间。但也不能说它对业务没有一点好处。身在这个位置，需要全面考虑一些考古学的问题，如教学和人才培养等。这既是教学任务，又是科研内容。教学上要花很多精力，这是事实，但从学生身上也学到不少东西。学生喜欢从大的方面，从宏观角度考虑问题，而这也是考古学研究中所应注意的。学生提了问题，总得想法去解答。这个时候，就得钻研资料，学习理论，进行研究。这对自己的科研学术道路都很有好处。假如我不是在学校做工作，而是在别的部门搞研究，很可能我的视野就较狭窄，考虑问题时站立的高度也可能不够。

每年，我都坚持下田野去，做些实际工作，带学生实习。这几年不太可能直接蹲在工地与学生一起参加完整的田野过程，但每年都有几次到工地看看，尽量不使自己脱离现在考古学研究的前沿课题。尽管如此，总还是感到时间和精力不够，讲到成果，实际还是太少。自己老是处在一种不满意的状态，有些问题想得很多，表达出来还是不很清楚，有点眼高手低之感。现代中国考古学领域里，还很少有较大部头的专题性或综合性著作。这方面，社科院考古所做得较好。我们学校从1958年开始编写教材，直到现在只出了《商周考古》和《中国古文字学导论》。苏秉琦先生抓的《远古时代》也只反映史前的一部分。我总感到要研究的问题太多，就是苦于力不从心。既是历史的责任把自己放在这个位置上，就只能这样做，我自认为自己属业务型的人，适于搞研究，缺乏做行政的能力和才华。在这个位子上做了一些工作，自己耽误些时间，可以让他人少耽误些时间。

教学和科研不都是矛盾，而是相辅相成的。我的科研课题，常常是与课程相联的。我讲课一般每次都有新的内容，将考虑到的问题反映到教学中去。有的人觉得研究成果还没有完成就不透露，我从来不是这样，一般来说，有什么考虑我就讲吧，这没关系，讲了后听听别人的反映有好处，不要把得失和脸面看得太重。有的不成熟，听了学生的意见，再琢磨，形成独立课题，进行钻研，这就使教学与科研相互促进，形成一个良性循环。

我的教学方式是启发性的。讲空的东西学生听不懂，光摆材料他们更烦。所以，我在教学上做了些努力，别的教师的教学方法对我也有启发。我给研究生上课，很多是采用这样的方式，指定一个范围，每个研究生准备一个课题，让他们自己讲，其他研究生来评议，一起讨论，我做补充、小结。一开始有的学生不太适应，觉得费劲，希望我多讲。尽管我可能比他们讲得清楚些，但我坚持不这样，还是一个课程大家来讲。费点劲对大家有好处。实际上，教一个课，主要教学生一些方法和最基本的知识。如果给学生灌了很多知识，没有告诉他们方法，他们只能死记硬背。反之，即使给学生讲授的知识少些，或并不全面，但方法教给学生了，他们可以深入进去，举一反三，而后拓展自己的研究领域。

李： 从您和一批前辈考古学家身上，我们看到田野对于事业成功的关键作用。请您结合北大考古系的实际谈谈考古人才培养中的田野训练和实习基地问题。

严： 几年前，国家教委到北大进行过一个调查，发现考古专业的成才率在北大各专业中是最高的。我们的毕业生在各级考古文博部门担任领导职务，成为业务骨干和学术带头人的很多。教委的两位同志到系里来与我们共同总结了这方面的经验，主要有四点，一是田野考古接触面广，锻炼了同学的实际工作能力。二是考古发掘要求对出土物和各种现象做出解释，促使同学们能够较好地将理论与实际结合起来。三是教师了解学生，特别是在工地上，言传身教，耳濡目染，所建立的师生关系远非其他专业的师生关系所能比拟，教师可以更有针对性地帮助学生，真正做到教学相长。四是所受干扰相对较少，如"文革"期间与政治的联系不像其他学科那样紧密，所受冲击相对较小。

从总结中，我们当可看出田野训练对考古专业学生的重要性。所以，我们历来很重视学生的实习，把其分为三个方面：（1）一、二年级配合课程的教学实习，如旧石器考古，去考察一下典型的黄土剖面，拿石头学习一下打制石器。新石器考古，去参观一些博物馆和遗址，这类实习时间短，目的是让同学在某些方面有点实感。（2）基础实习，从调查、发掘、室内整理到编写报告作全面的训练，让学生掌握田野考古的方法。这类实习各大学考古专业都有。（3）毕业实习或专题实习。目的是训练学生围绕一个课题来收集整理资料，培养初步研究的能力，最后产生毕业论文。这三方面相结合，学生的田野考古与研究能力都得到了锻炼。这是一个较成功的经验，但因经费问题，现在不得已把后者砍了，加之现在研究生比例高了，研究能力的培养便主要放在研究生阶段了。

基础实习一般分解成发掘、室内整理、调查、写报告几个阶段，每个阶段都有若干要求，并有相应的指标和评分，四个评分综合起来，得出一个总分。我们有一个规定，学生在田野考古中如不及格就不能毕业，这比学校里好几门课不及格才不能毕业要严。这一条我们一直执行得好。通过这样严格的训练且在必要时还作适当的补课，使学生掌握田野工作的基本知识和技能。

以上是业务上的要求。学生在考古工地实习，一切由他们自我管理，有时还做一些有意识的社会调查，了解国情。这几个方面的锻炼对学生大有好处，为学生毕业以后走上社会从事考古工作奠定了基础。

李：严先生，北京大学考古系素有开展国际学术交流的优良传统，现今贵系由美国友好人士资助兴建的赛克勒博物馆即将落成开放，想必这又将成为中外考古学进行学术交流的一个重要窗口。作为现任考古系主任，请问您在这方面有些什么想法？

严：改革开放以来，我们加强了对国外考古学的了解。主要方式有三：一是请国外著名学者到北大讲学；二是我们到国外进行学术访问和研究工作；三是派年轻教师到国外学习，在后一方面，我们已先后向德、美、日、俄、英等国派出留学人员，以后还要多派。派出之后，着重点不在于听什么课，而是要求他们去拜访当地的著名学者，认识些人，建立联系，考察他们的田野和室内研究工作以及考古设备，总的来说效果很不错。过去我们在这方面太没基础，也出现过一些盲目现象。如教委曾派出一个中学毕业生去国外学航空考古，由于不通过大学考古专业，对国内考古学没有什么了解，在那里学了七八年，还是回不来，回来也没有条件开展工作，这就很不切合实际。现在，我们已经建立起一支对国外考古学较为熟悉的队伍，有条件对国外考古学进行了解和介绍，扩大考古学的对外交流，进一步的方向，是要开展共同的发掘与研究。

本系的赛克勒博物馆，明年将正式开馆。她以陈列教学标本为主，同时也是我们对外交流的一个窗口。通过这个窗口，加强我们与国外考古学的联系。我们拟把她办成国际考古学学术交流的一个中心，美方也有这种意图，并给予些支持。

在了解和介绍国外考古学方面，因为国家众多，我们初步有所选择：一是几个主要的文明古国；二是同中国相邻的、历史联系较为密切的国家；

三是在考古学研究中有成就、有特色的国家。与此相应，还要系统翻译出版国外有代表性的著作，以改变过去相互隔离、相互不了解的闭塞状态。同时，也让国外了解我们的工作。这些，光是北大的力量还不够，全国有条件的单位都可以做，如考古所、各大学考古专业等。如果我们都有这个想法，这方面工作的进展就会快些。

迄今，国外研究中国的学者比中国研究国外的学者要多，这个情况应该改变。否则，不仅与我们这个文明古国的地位不相符，也不利于发展我们的考古学。研究国外考古，有一个很大的困难，就是资料积累问题。对此，光靠一个单位难胜此任，有关部门应在一起作一种战略性的考虑。即使有这个考虑，也难得在短期内改变。不过，有这个考虑与没有这个考虑还是不一样的，我们总得有起步。这是一个很艰巨的工作，比世界史还难。文献资料积累比考古资料积累要方便些，我国的世界史研究也搞了多年，但难得说我们中国有哪几位研究世界史的专家在国际上可执牛耳的。而现在我们考古界对外国的研究还不如世界史。我们相继开了些世界考古的课程，本系教师开的有"中亚考古""印度考古""日本考古"和"苏联史前考古"，请外国人开的这方面的课题更多些。

有些不是一国就能解决的课题。如丝绸之路，需要多国合作研究。又如稻作农业起源和传播的农业考古研究，涉及很多国家。因此，我国考古界应争取多参加一些国际会议。我们自己也可以组织召开一些国际会议。

我在国外参观过一些考古工地、研究机构和实验室。通过与众多学者的交流，我的感觉是：国外的田野考古水平不一，有的很精致，如德国旧石器时代的遗址，做出很多房子，里面有石板画、各种动物骨骼及石器等。通过对这些遗迹遗物的研究，了解当时的动物走向、石器产地，发现人的迁徙行动——冬夏两季有不同的营地。在日本，有的也较仔细，如做贝丘遗址，探讨贝壳的生长期限和季节性的生产活动；有些则不行。对比之下，我们有我们自己的特点，好的要树立自信，不够的要向人家学习。

在室内研究方面，国外用现代科学手段来测试和分析较我们多一些、好一些，但这方面近几年我国也有很大的进展，有的不是考古科班出身的

（如物理、化学、生物、计算机等学科）学者也在研究考古学的课题，联合组织了"科技考古学会"，出版了一些书刊。这是一个很好的发展势头。我们不必把考古学封闭起来，不必担心考古学的纯洁性的丧失。学科间的横向联系与渗透是一个趋势，应当欢迎。总之，我们需要加强交流，相互学习，启发思路，提高水平，让考古学在众多的学科领域里发挥更大的作用。

（1991 年 12 月 17 日于广州白天鹅宾馆，李秀国记录。原载《东南文化》1992 年 5 期，题目是《博学、慎思、明辨、笃行——严文明先生访谈录》）